당신의 상상보다
더 큰 구원

국립중앙도서관 출판시도서목록(CIP)

당신의 상상보다 더 큰 구원 / 지은이: 프랭크 빈포드 호올
; 옮긴이: 이종수. -- [서울] : 형제들의집, 2014
    p. ;   cm

원표제: Great salvation
원저자명: Frank Binford Hole
영어 원작을 한국어로 번역
ISBN 978-89-93141-63-4 03230 : ₩6500

구원론[救援論]

231.4-KDC5
234-DDC21   CIP2014001085

당신의 상상보다
더 큰 구원

프랭크 빈포드 호올 지음 | 이종수 옮김

 형제들의 집

차례

저자 서문	.. 7
제 1장 죄 사함	.. 9
제 2장 칭의	.. 23
제 3장 구속	.. 36
제 4장 화목	.. 50
제 5장 구원	.. 65
제 6장 성화	.. 82
제 7장 거듭남	.. 99
제 8장 영혼의 살아남	.. 118
제 9장 성령을 선물로 받음	.. 133
제 10장 새로운 피조물	.. 149
오, 은혜로우신 하나님	.. 164
저자 소개	.. 166

성경은 복음을 통해서 우리에게 주시는 구원을 "이같이 큰 구원"(히 2:3)이라고 말하고 있다. 하나님의 구원하시는 은혜를 경험한 우리는, 하나님이 우리에게 시작하신 일의 위대성을 성경을 통해서 살펴보고, 그 상세한 내용을 들여다보기만 해도 구원의 위대성을 충분히 실감하게 될 것이다.

- 프랭크 빈포드 호올

저자 서문

성경은 복음을 통해서 우리에게 주시는 구원을 "이같이 큰 구원"(히 2:3)이라고 말하고 있다. 하나님의 구원하시는 은혜를 경험한 우리는, 하나님이 우리에게 시작하신 일의 위대성을 성경을 통해서 살펴보고, 그 상세한 내용을 들여다보기만 해도 구원의 위대성을 충분히 실감하게 될 것이다.

이 책은 그 상세한 내용들을 하나씩 다루고 있다. 이 모든 내용을 함께 모으면, 하나님의 위대한 구원이 우리 눈앞에 선명하게 펼쳐질 것이다. 그럼에도 각각의 내용은 그저 전체 그림의 일부분

일 뿐임을 기억해야 한다. 각 부분을 입체적으로 이해하고, 이로써 전체 그림을 총체적으로 이해하려면 각각을 구분해서 살펴보아야 한다.

하나의 건축물을 한 방향에서 보는 것보다는 네 방향에서 살펴보는 것이 총체적인 하나님의 계획을 보다 더 잘 이해하게 해준다. 우리는 한번에 하나씩 다루는 것에 만족해야 한다. 이 책이 복음을 통해서 하나님이 이루신 경이로운 구원의 역사를 보다 깊이 이해하도록 도울 수 있기를 바란다. 이 책을 통해서 누군가 영적으로 도움을 받을 수 있다면, 그것은 곧 우리 하나님이 영광을 받으셨다는 의미일 것이다.

F. B. 호올

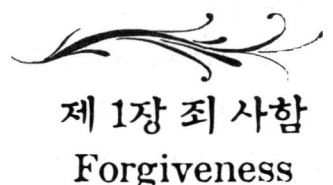

제 1장 죄 사함
Forgiveness

성령께서 처음으로 우리 영혼 속에서 일하시고 우리 영혼의 울림을 시작하실 때, 대부분의 경우 그 효과는 우리가 지은 죄들을 생각나게 하시고 죄책감이 들게 하심으로써, 죄 사함을 간절히 소망하는 자가 되게 하는 것이다. 우리는 죄 용서를 받고 싶어 하게 되고, 죄 사함의 은총을 누리고 싶어진다.

우리는 독자가 죄 사함에 대한 지식을 가지고 있다고 믿고 싶다. 다만 이 주제에 대한 성경의 가르침으로 시작하는 것이, 복음이 주는 이처럼 크고 근본적인 복을 순서대로 이해하는데 도움이 될 것으로 생각한다.

우선 우리는 아담의 범죄로 인해서 죄가 세상에 들어오고, 그 결과로 온 인류가 전적으로 타락하고 죄악된 상태에 빠져들게 된 것을 살펴보자. 죄가 미친 효력은 너무도 다양하고, 그 영향력은 사람을 유죄 상태에 빠지게 했으며, 사실 그 이상의 상태에 이르게 했다. 그럼에도 최우선적이고 가장 분명한 효과는 아담이 죄책감에 사로잡히고, 심한 양심의 가책을 받게 되었다는 사실에 있다. 인류가 번성함에 따라, 죄는 더욱 증가하게 되었고 성경은 온 세상이 하나님 앞에서 유죄 상태에 있다고 선언해야만 했다(롬 3:19). 이 말은 유죄상태가 개인적인 일이 되었다는 의미이다. 즉 세상을 이루고 있는 모든 개인들, 우리 각 사람이 다 유죄상태에서 하나님의 심판 아래 있게 되었다.

성경은 모든 사람이 "당을 지어 진리를 따르지 아니"(롬 2:8)했다고 말한다. 많은 사람들이 그렇게 행하고 있지만, 자신의 유죄상태를 인정하려 들지 않고 있다. 오히려 하나님 앞에서 유죄상태라는 생각 자체를 부정하려고 한다. 반대로 사람들은 모든 인간 속에는 내적인 선함이 있다고 주장하면서, 항상 하늘을 향해 기를 쓰며 대적한다. 이렇게 다투고자 하는 사람들은 옳고 그름의 명확한 기준마저도 부인하려고 든다. 선한 것과 악한 것은 다만 상대적인 것에 불과하며, 그들에게 선(善)이란 어느 특정 시대에 가장 계몽화된 사람들이 좋게 생각하는 것이고, 악(惡)이란 단지 그들의 이성이 거부하는 것에 불과하다. 그러므로 "옳은 것(선)"과 "그른 것(악)"은 도덕성의 문제에서 시대적인 조류에 따라 출렁거리는 가치관을 반영하는 것으로 나타나게 된다. 인간의 이성은 그러한 문제의 전적인 결정권자로 남게 되고, 그렇다면 사람들이 인정하는 죄라는 것은 그들 가운데 가장 학식이 높고 최신 지식을 가진 사람이 세운 기준을 어기는 것으로 결론이 나게 된다. 인간이 내릴 수 있는 최고의 판결은, 결국 **사람 앞에서 유죄상태**가 되는 것이다.

하지만 로마서는 하나님으로 시작하고 있다. 우리가 **하나님 앞에서 유죄상태**에 있다는 판결에 도달하는데 그리 많은 내용을 살펴볼 필요가 없다.

우리는 로마서를 펼치자마자, 이내 다음과 같은 구절들을 접하게 된다.

"하나님의 복음"
"하나님의 아들"
"하나님의 능력"
"하나님의 의"

"하나님의 진노"
"하나님의 영광"
"하나님의 심판"

그리고 하나님을 영원하신 능력과 의와 진노와 영광과 심판을 나타내실 창조주로 소개하고 있다(롬 1:25). 이제 신성한 진리의 견고한 반석 위에 서고자 한다면, 우리는 즉시 인간의 기준과 견해의 진흙탕 같은 수렁에서 벗어나, 영원히 변할 수 없이 확고히 세워진 의로운 기준을 가지신 창조주의 임재 앞에 우리 자신을 세울 필요가 있다.

유죄상태에 있음을 아는 일은 신속하게 우리 자신의 죄악을 보게 해주며, 자신이 죄인임을 인정하게 해준다. 이 일은 그토록 자주 이교도들과 어울리는 야만성에 빠진 사람들에겐 그리 어려운 일이 아닐 것이다. 이런 사람들에 대한 설명이 로마서 1장 18-32절에 잘 나타나 있다. 그들은 하나님 앞에 변명의 여지없이 서있으며 그저 입을 다물 뿐이다. 그들이 자행했던 무수히 악한 일들의 향연(饗宴)은 하나님을 아는 지식에서 멀어진 결과였다. 이러한 사람들의 경우에는, 유죄를 인정하고 침묵하는데 설득이 따로 필요 없다.

세상 역사의 다양한 시대를 보면, 비록 이교도들이었지만 이방인들도 자연 속에서 문화와 문명을 발전시켜왔다. 그러한 사람들이 고대 그리스인들이었고, 이러한 사람들에 대한 내용은 로마서 2장 1-16절에서 설명되고 있다. 그들의 경우, 죄악으로 오염된 저수지를 철학적 사상과 윤리적 교훈이라는 제도를 통해서 부분적으로 정화할 수 있었다. 그들은 가난한 사람과 문맹인을 야만인으로 정죄했지만 그들 스스로는 보다 문화적으로 세련미가 넘치는 방식으로 똑같이 추악한 일을 저질렀다. 성경은 그들도 야만인과 마찬가지로 핑계할 수 없다고 말하고 있는데, 그러나 그들로 이것을 깨닫게 하는 데에는 신랄한 이성의 작용과 더불어 날카로운 진리의 검으로 정확하게 쳐서 자신의 죄성을 깨닫게 하는 일이 필수적이었다. 이렇게 이야기를 전개해가면서 그들이 기억해야 할 세 가지 사실을 언급했다. 그들은 "하나님의 심판이 진리대로 되는 줄"(롬 2:2)을 알고, 또 "하나님의 의로우신 심판이 나타나는"(5절) 날이 오고 있다는 것을 기억해야 했으며, 하나님은 "외모로 사람을 취하지"(11절) 아니하신다는 것을 상기해야 했다.

이 세 가지 사실을 종합해보면 하나님의 심판으로부터 피하는 길은 절대적으로 불가능하다. 만일 옛적에 하나님의 심판이 다만 외적인 모양에 따른 것이었다면, 또는 가끔 편파주의나 개인적인 이유 때문에 엄격한 공의에서 벗어나는 일이 있었다면, 어쩌면 피할 기회가 있을지도 모른다. 하지만 하나님의 심판은 **진리를 따라** 되는 것이기에, 정확한 사실에 입각해서 모든 숨겨진 일들이 빛 가운데 드러난 결과에 따라서 이루어질 것이다. 하나님의 심판은 **공의를 따라서 되기 때문에**, 절대적이고 에누리 없는 정의가 실현될 것이다. 하나님의 심판은 **외모로 사람을 취하지 않는 원리를 따라서 되기 때문에** 절대적인 진리의 빛 가운데서 절대적인 공의를 실현하는 하나님을 막을 수 있는 것은 아무 것도 없다. 이로써 가장 문명화된 사람과 가장 계몽화된 사람도 자신의 입을 막고, 다만 하나님 앞에서 자신의 유죄상태를 인정할 수 밖에 없다.

마지막으로 유대인들이 있다. 이들은 단순히 자연적인 문화를 가진 사람들이 아니라, 신적인 문화를 가진 사람들이었다. 로마서 2장 17절에서 3장 20절까지 유대인들에 대한 내용이 전개되어 있다. 여기서 우리는 단순히 이성에 의한 사유가 아니라, 성경의 명백한 증거에 의한 신앙을 보게 된다. 유대인들을 기소한 기소장은 그들의 율법에서 발췌된 내용으로 작성되었고, 맨 끝부분에서 이러한 성경의 증거가 가진 무게를 실어 "무릇 율법이 말하는 바는 **율법 아래에 있는 자들[곧 유대인들]에게 말하는 것**"(롬 3:19)이라는 사실로 그들의 양심을 압박하고 있다. 그렇다면 율법의 전면적인 고발과 정죄는, 야만인이나 헬라인을 대상으로 한 것이 아니라 다만 자신을 의롭다고 여기면서 자신의 고집을 꺾지 않는 유대인들을 대상으로 한 것이다. 사실 그들도 자신의 입을 막아야만 했다. 이렇게 온 세상은 하나님 앞에서 유죄상태에 있다.

이처럼 자신의 유죄를 인정할 때에야 비로소 죄 사함을 받는 일이 최우선적인 사항이 된다. 그래서 우리는 부활하신 주님이 제자들에게 주신 지침 가운데 죄 사함을 최우선적인 과제로 주신 것을 보게 된다. 누가복음 24장 45-48절에서, 주님은 열한제자들에게 그의 이름으로 말미암는 죄 사함을 모든 족속에게 전파하도록 명하셨다. 사도행전 26장 16-18절에서도 우리는 사도 바울이 하늘에서 보이신 이상을 따라 영광을 입으신 주님의 음성을 듣고 이방인들에게 보내심을 받았을 때, "그 눈을 뜨게 하여 … 죄 사함과 나를 믿어 거룩하게 된 무리 가운데서 기업을 얻게" 한 것을 보게 된다. 사도행전은 이러한 사명을 어떻게 수행해갔는지를 기록하고 있다. 오순절 날 예루살렘에 모인 무리들은, 베드로가 "죄 사함을 받으라"고 외쳤을 때, 마음에 찔림을 받았다(행 2:38). 베드로는 공회 앞에서 다시 "죄 사함"을 증거했다(행 5:31). 또 다시 고넬료와 그의 친구들에게 "그즉, 예수 그리스도를 믿는 사람들이 다 그의 이름을 힘입어 죄 사함을 받는다"(행 10:43)고 선포했다. 안디옥 회당에 모인 허다한 무리들에게 바울은 "그러므로 형제들아 너희가 알 것은 이 사람을 힘입어 죄 사함을 너희에게 전하는 이것"(행 13:38)이라고 외쳤다.

앞에서 인용한 여섯 구절에서, 각 경우마다 동일한 헬라어가 등장하고 있는데, 어떤 경우에는 죄 사함으로, 어떤 경우에는 죄 용서로 번역이 되었다. 이 단어는 단순히 "멀리 보내다" 혹은 "풀어

주다"의 의미를 가지고 있으며, 범죄한 죄인들이 정말로 필요로 하는 그 지은 죄들의 사면을 의미한다. 자신이 지은 범죄 사실을 고발한 사람에 의해서 구금 상태에 있다가 그 모든 죄가 사면을 받고 또 고소가 취하된다면, 얼마나 행복한 **석방의 기쁨**을 맛보겠는가! 이것은 하나님의 모든 자녀들이 경험하는 기쁨이다. 나이 많은 사도 요한은 "자녀들아 내가 너희에게 쓰는 것은 너희 죄가 그의 이름으로 말미암아 사함을 받았음이요"(요일 2:12)라고 말했다.

우리가 이미 살펴본 대로 로마서에서는 온 인류가 하나님 앞에서 유죄상태에 있다는 성령님의 판결을 선포하고 있다. 이러한 판결 후에 즉시 완전한 죄 사함의 은총이 선포되는 것을 볼 수 있다. 사실상 죄 사함에 대한 말씀은 로마서 전체에서 여기서 한번, 그리고 사도 바울이 다윗의 말을 시편 32편에서 인용했을 때 한번, 그렇게 두 번만 나타나고 있다. 하나님이 일한 것이 없어도 의롭다고 인정해주시는 사람의 행복에 대해서 다윗은 이렇게 설명했다. "불법이 사함을 받고 죄가 가리어짐을 받는 사람들은 복이 있고 주께서 그 죄를 인정하지 아니하실 사람은 복이 있도다."(롬 4:7,8) 이것을 통해서 우리는 의를 전가 받는 것, 곧 칭의가 죄 사함과 동등한 것임을 알게 된다.

로마서 초반부의 몇 개의 장에서 그토록 자주 사용하고 있는 단어는 두 가지 인데, 곧 **의(義, righteousness)**와 **의롭다 하심을 받음(justification)**이다. 이 두 가지가 대체로 주된 논점이다. 사람이 의롭게 되지 않고 죄 사함을 받을 순 없다. 그 반대도 마찬가지이다. 그렇다면 죄 사함은 소극적인 측면이다. 즉 우리가 지은 죄들을 사함을 받는 것이기 때문이다. 칭의는 적극적인 측면이다. 즉 의(義)를 얻는 것이기 때문이다.

그리스도의 대속사역의 효력 때문에 모든 사람이 죄 사함을 받았다는 주장이 있습니다. 그런 주장은 사실인가요?

그렇지 않다. "하나님께서 그리스도 안에 계시사 세상을 자기와 화목하게 하시며 그들의 죄를 그들에게 돌리지 아니해[셨다.]"(고후 5:19)는 말씀은 경이로운 일이다. 하지만 주님은 죄인 여자에게 "나도 너를 정죄하지 아니하노니"(요 8:11)라고 말씀하셨다. 하나님이 그리스도 안에서 베푸신 자비의 손은 그리스도의 생애 동안 거절을 당했다. 그렇게 거절을 당하셨지만 그리스도의 죽음과 부활을 통해서, 다시 한 번 죄 사함의 메시지를 온 세상에 보내실 수 있었고, 따라서 오늘날 죄 사함의 복음은 우리 모두에게까지 전파되고 있다. 하나님은 죄를 용서하시는 하나님으로 전파되고 있는 것이다(눅 24:46,47을 보라).

그리스도를 거절한 사람들을 향해 전쟁을 선포하고 또 반역적인 세상을 향해 하늘의 천둥벼락이 내려치는 대신, 이를 테면, 하나님은 장기간 휴전을 선포하셨고, 그 기간 동안 모든 반역도들에게 사면이 약속되었다. 만일 어느 반역도라도 자신을 낮추고 구주께 믿음으로 돌아오면, **그는 죄 사함을 받게 된다.** 따라서 **죄 사함은 모든 사람을 위한 것**이 사실이지만, 그렇다고 해서 모든 사람이 죄 사함을 받은 것은 아니다.

누가복음 7장 40-50절에는 두 명의 빚진 자에 대한 말씀이 있습니다. 주님은 두 사람 모두 빚을 탕감 받았다고 말씀하셨습니다. 회개한 죄인이 죄 사함을 받았을 뿐만 아니라, 자기 의로 가득한 바리새인 시몬도 죄 사함 받은 것이 아닌가요?

"둘 다 탕감하여 주었으니"(42절) 그렇다면 **둘 다** 죄 사함을 받은 것이 맞다. "탕감하여 주다"라는 말은 원어상 한 단어이며, 흔히 죄 용서를 위해 사용되는 말이라기 보다는 단어 의미상 "은혜를 베풀다"의 의미가 더 강하다. 그렇다면 주 예수님은 이 비유를 통해서, 사람이 지은 죄의 정도와는 상관없이 죄를 용서하시고 은혜를 베푸시는 하나님을 나타내고 있는 것이다. 이 비유는 오늘날 하나님의 자비하신 모습을 잘 보여주고 있다.

이 비유의 말미에 보면 주님은 전적으로 죄 사함의 문제로 매듭을 지으셨다. 주님은 시몬을 향해 여자에 대해서 "그[녀]의 많은 죄가 사하여졌도다"(47절)라고 말씀하셨다. 그리고 여자를 향해서는 "네 죄사함을 받았느니라"(48절)고 말씀하셨다. 그렇다면 **여자의 죄**는 분명 사함을 받았다. 이는 그녀가 구주 예수님을 믿고 그분에게 나아왔기 때문이다.

은혜가 교만한 시몬에게도 나타났다. 그는 자신의 죄를 즉시 깨닫지 못했고, 자신의 죄를 판단하려고 하지 않았다. 그런 의미에서 그도 탕감을 받았다. 하지만 주님은 죄 사함을 받았다는 말을 시몬에게는 하지 않으셨다. 성경 말씀대로 보자면, 오직 회개한 죄인만 죄 사함을 받는다.

죄인이 회개하고 믿을 때, 즉시, 그리고 모든 죄에 대해서 죄 사함을 받는 것이 사실인가요?

확실히 사실이다. 희생제사라는 주제를 다루고 있는 히브리서 9장 1절로 10장 18절까지를 읽어보면, 그 사실을 확인할 수 있다. 그처럼 중요한 성경의 본문에서는 그리스도의 희생제사가 단번에 영원히 드려진 것임을 여섯 차례나 확증하고 있다. 게다가 그리스도의 희생에 근거해서 예배자로 하나님께 나아가는 자들은 단번에 정결해지며, 이후 온전해진 양심으로 지속적으로 하나님의 보좌 앞에 나아갈 수 있다(히 10:1,2). 히브리서 10장 1절이 말하는 온전하게 되는 것은 단번에 온전히 죄 사함을 받고 양심상 정결하게 되는 일에 기초해서 "양심상 온전하게"(히 9:9) 되는 것을 의미한다. 우리는 하나님 앞에서 영원한 죄 사함의 은총 가운데 서 있다.

어떤 사람들은 이러한 신앙을 위험한 것으로 간주합니다. 만일 신자가 회심할 때 완전한 죄 사함을 얻었다고 믿는다면, 분명 영적 게으름과 방종에 빠질 것이라고 말합니다. 회심의 순간에 모든 죄가 용서받았다고 말하는 것이 과연 최선인가요?

거듭나지 않았거나 또는 거듭남을 통해서 주어지는 새로운 본성과 악을 미워하는 본성을 소유한 일이 없다면 회심한 것이 아니라는 사실을 부인하거나 혹은 이 사실을 간과하는 사람이 아니라면 이런 식으로 반대하지는 않을 것이다. 이 사실을 생각해야만, 전체적인 양상이 바뀌게 된다. 게다가 우리는 거듭났고 죄 사함을 받았을 뿐만 아니라 우리 속에 내주하시는 성령을 받았다. 그렇다면 이제 우리는 디도서 2장 11-14절에서 말하는 바, 은혜로 양육을 받고 은혜의 가르침을 받는 데로 나아온 것이다.

우리가 믿을 때 죄 사함이 우리에게 주어지는 것이지만, 여전히 죄 사함은 그리스도의 희생에 의해서 우리에게 허락된 것임을 기억해야 한다. 회심의 순간까지 우리가 지은 모든 죄도, 사실은 그리스도께서 죽으시고 부활하신 그 시간에서 보면 미래에 속한 것이다.

하나님은 아버지로서 우리를 자기 자녀로 대우하시며, 심지어 우리가 죄를 지을 때에도 아버지이심을 잊지 말아야 한다. 자백하면 우리의 죄는 사함을 받고 정결케 된다. 이는 "아버지 앞에서 우리에게 대언자"가 있기 때문이다. 그래서 성경은 "만일 우리가 우리 죄를 자백하면 그는 미쁘시고 의로우사 우리 죄를 사하시며 우리를 모든 불의에서 깨끗하게 하실 것이요 만일 우리가 범죄하지 아니하였다 하면 하나님을 거짓말하는 이로 만드는 것이니 또한 그의 말씀이 우리 속에 있지 아니하니라 나의 자녀들아 내가 이것을 너희에게 씀은 너희로 죄를 범하지 않게 하려 함이라 만일 누가 죄를 범하여도 아버지 앞에서 우리에게 대언자가 있으니 곧 의로우신 예수 그리스도시라"(요일 1:9-2:1)고 말하고 있다.

이 구절은 우리를 교제로 회복시키는 아버지의 죄 용서를 가리킨다. 이러한 죄 용서 혹은 죄 사함은 우리가 처음 믿을 때, 모든 사람의 심판자로서 하나님에게서 받은 영원한 죄 사함과는 다른 것이다.

그렇다면 로마서 3장 25절에서 말하고 있는, "전에 지은 죄를 간과"하셨다는 말은 무슨 뜻인가요?

모든 것은 본문이 의도하고 있는, 과거에 지은 죄들과 연관이 있다. 만일 26절도 읽어보면, 하나님이 과거 시대에 죄에 대해서 하신 일과 지금 "이 때에" 하시는 일 사이의 차이점이 분명해질 것이다. 이 두 시대를 가르는 큰 분기점은 그리스도의 초림이다. 사도 바울은 "전에 지은 죄들"에 대해서 말하면서 과거 세대, 즉 구약시대에 살았던 신자들의 죄를 언급하고 있다. 사실상 이 구절은 현재 시대를 사는 신자들이, 회심을 기점으로 해서 과거에 지은 죄들을 말하는 것이 아니다.

하나님은 구약시대 신자들의 죄를 간과하셨다. 여기서 "간과"라는 말은 죄 사함에 해당하는 말이 아니라, 다만 "덮어 두다", 또는 "못본채 하다"는 의미가 있다. 따라서 이 구절의 의미는, 그리스도의 속죄 사역이 비로소 성취된 사실이 되었을 때, 과거 하나님이 구약시대 신자들의 죄를 덮어두신 일이 합법화되었고, 이제 복음 시대에는 하나님의 의를 주심으로써 예수님을 믿는 신자들을 의롭다고 하시는 일의 정당성이 확보되었다는 뜻이다.

제 2장 칭의
Justification

 의롭다 함을 받는 것은 우리를 고소할 수 있는 모든 송사로부터 깨끗하게 되는 것이다. 이것이 바른 이해라는 것은 사도의 말을 통해서 확인할 수 있다. 사도행전 13장 39절은 이렇게 기록되어 있다. "또 모세의 율법으로 너희가 의롭다 하심을 얻지 못하던 모든 일에도 이 사람을 힘입어 믿는 자마다 의롭다 하심을 얻는 이것이라." 율법은 우리를 가장 효과적으로 고발해왔다. 율법은 죄들을 우리의 책임으로 돌리고 공의로운 정죄를 우리에게 안겨주었다. 오로지 그리스도에 의해서만 신자는 고발된 모든 책임에서 합법적으로 깨끗하게 되며, 정죄의 판결로부터 자유롭게 된다.

그렇다면 정죄란 우리가 의롭게 될 때, 벗어나게 되는 상태와 자리인 것이다. 분명 정죄는, 유죄상태가 죄 사함과 반대 개념이듯이, 칭의와 반대 개념인 것이다. 그렇다면 성경에서 정한 칭의는, 우리가 처해있었던 정죄로부터 완전하게 그리고 공의롭게 벗어나게 해주는, 그런 의미에서 소극적인 복 보다는 더 큰 복을 함축하고 있다. 칭의는 하나님 앞에서 그리스도 안에 있는 우리의 신분을 포함하고 있으며, 보다 적극적이고 신적인 의로움을 부여해준다.

칭의를 제대로 이해하려면 로마서로 가야한다. 로마서 3장 19절에서 우리는 "온 세상이 하나님 앞에서 유죄 상태에 처해 있는" 것을 볼 수 있다. 20절에 보면 율법이 하는 일은 다만 유죄를 확정하는 것임을 볼 수 있다. 율법에 의해선 결코 의롭다 함을 받을 수 없다. 21절은 경건치 않은 자를 의롭다고 하시는 하나님의 방법을 설명하기를 시작한다.

"모든 사람이 죄를 범하였으매 하나님의 영광에 이르지" 못했기 때문에, 하나님이 자신의 의로우심을 나타내신 것은 놀라운 일이 아니다. 사람이 그 어두운 흉악성 가운데 자신의 죄를 드러냈기 때문에, 반대로 하나님은 그 밝은 광채 가운데 자신의 의를 드러내신 것은 당연한 일이다. 이렇게 하심으로써 철저히 죄를 정죄하셨고, 또 하나님이 죄를 어느 정도는 용납했다고 하는 조금의 의혹도 남김없이 자신을 의롭다고 선언하실 수 있으셨다. 이제 하나님의 의가 그런 방식으로 **"모든 사람에게, 특히 믿는 모든 사람에게 나타났다"** 는 것은 참으로 경이롭다. 의(義), 곧 하나님의 의는, 이를테면, 모든 사람을 향해서 얼굴을 찌푸리는 대신에, 상냥하게 그 손을 내밀고 있다. 특별히 믿는 사람들에게, 의(義)는 (의의) 옷처럼 내려와 그를 덮는다. 이로써 신자는 의의 옷을 입고 하나님의 임재 가운데 서있을 수 있게 되는 것이다. 이 모든 일은 신성한 의가 가지고 있는 본질적인 특성을 조금도 잃어버리거나, 그 의가 가진 내재적 가치를 상실하지 않은 채 이루어진다.

이런 말을 처음으로 들어보는 사람은 대개 "있을 수 없는 일이다! 그런 일은 가능하지 않다!"고 소리치는 것으로 반응하려고 한다. 우리는 자비와 긍휼이 이런 식으로 역사한다고 생각하면서 의를 희생하려는 경향이 있다. 하지만 의를 희생하게 되면, 의(義)는 결코 그렇게 작용할 수 없을 것이다.

하지만 의가 이제 하나님에 의해서 "화목제물, 혹은 속죄소"(25절)이신 그리스도 안에서 나타났기 때문에, 의는 그렇게 작용한다. 십자가에서 그리스도의 피가 흘려졌을 때, 성막 시대에 모형적으로 속죄소에 피를 뿌렸던 일이 비로소 성취되었다. "그리스도 예수 안에서" 속량, 곧 구속이 이루어졌기에(24절), 하나님의 의가 온 우주적으로 선포되었다. 머지않아 하나님의 의는 경건치 않은 자들에게 심판과 영원한 형벌을 내리는 것으로 나타날 것이다. 그처럼 엄숙한 시간 속에서 하나님의 의의 장엄함이 나타날 것이지만, 사실 하나님이 자신의 독생자, 아무 흠도 없는 아들을 우리를 위해서 내어주시고 심판하셨던, 그 비통한 시간에 비하면 그리 엄청난 것도 경이로운 것도 아니다. 그리스도의 십자가는 하나님의 의의 광채를 영원무궁토록 빛나게 할 것이다. 물론 그리스도의 십자가는 로마서 5장 8절에서 선언한 것처럼, 하나님의 사랑을 확증한 것이지만, 만일 하나님의 의를 드러내지 못했다면 하나님의 사랑도 확증할 수 없었을 것이다.

그리스도의 죽으심은 두 가지 방식으로 하나님의 의를 나타내었다. 첫 번째 과거 세대, 즉 구약시대의 신자들의 죄들을 처리했다(25절). 그리고 두 번째, 현재 시대, 즉 신약시대의 신자들의 죄들을 처리했다(26절). 그리스도께서 오시기 전, 하나님은 자기 백성들의 죄를 간과하셨고, 그렇기 때문에 자기 백성들에 대해서 완전한 만족을 하지는 못하셨다. 현재 시대에 하나님은 예수 안에 있는 신자들을 의롭다고 하신다. 이 모든 것들은 하나님 편에서, 엄격한 의를 적용하신 것일까? 그렇다. 그리스도의 죽음이 그것을 선언하고 있다. 그 결과로, 하나님께서 지난 세대 동안 죄들을 간과하셨을 때에도 하나님은 절대적으로 의로우셨고, 오늘날 신자들을 의롭다고 하시는 일에도 하나님은 의로우시다.

그리스도의 죽음은 무한한 가치와 아름다운 향기를 가진 희생 제사로서 우선적으로 자신을 **하나님께 드린** 제사였다. 이로써 화목제사는 효력을 가지게 되었고, 하나님은 만족하셨다. 따라서 하나님의 의의 요구들은 만족되었고, 인간의 죄에 관한 총체적인 문제가 해결되었다.

두 번째로, 그리스도의 제사는 **우리를 위한 제사**, 곧 모든 참된 신자를 위한 것이었다. 신자는 구주를 자신의 대속자로 바라볼 자격을 얻었기에, 로마서 4장 25절 "예수는 우리가 범죄한 것 때문에 내줌이 되고 또한 우리를 의롭다 하시기 위하여 살아나셨느니라"는 구절에서 복수 형태를 단수 형태로 바꾸어 읽을 수 있다. 즉 "예수님은 나의 범죄한 것 때문에 (십자가에서 대속적인 죽음으로) 내줌이 되었고, 또한 나를 의롭다 하시기 위하여 살아나셨다."라고 읽을 수 있다. 예수님은 우리의 죄들 때문에 죽으셨고 심판을 받으셨을 뿐만 아니라 예수님은 우리의 칭의 때문에 죽은 자 가운데서 다시 살아나신 것이다.

많은 사람들이 예수님의 죽으심만 아는데 그치기 때문에, 반쪽 복음에 머물고 있다. 예수님의 부활 측면은 무시하기 때문에 엄청난 손실을 당하고 있다. 그리스도의 부활이 가진 의미를 보지 못한다면 완전한 확신을 맛볼 수 없다. 우리의 죄들을(sins) 대신 지신 일과 우리 죄(sin)에 대한 형벌을 끝낸 것은 그리스도의 죽음을 통해서 이루어졌다. 하지만 모든 죄 문제가 완전히 청산된 것을 선언하고 입증한 일은 그리스도의 부활을 통해서 이루어졌다. 그리스도의 부활이 없다면 완전한 평강은 맛볼 수 없게 된다.

예를 들어보자. 한 사람이 범죄 때문에 6개월 형을 받았는데, 다른 사람이 그를 대신해서 옥살이를 하기로 했다. 옥문이 열리고 대신 옥살이를 하는 사람은 감옥에 갇히고, 실제 죄를 지은 사람은 밖에서 자유를 누리고 있다. 그렇다면 후자는 자기 친구에 대해서 "그는 나의 범죄한 것 때문에 감옥에 내줌이 되었다."고 말할 수는 있지만, "결과적으로 내가 지은 죄에 대한 형벌을 다 치렀기 때문에, 다시는 감옥에 갈 일이 없다."고 말하는 것은 너무 이른 일이 될 것이다.

만일 당신을 대신해서 옥살이 하던 친구가 2개월 남짓 감옥 생활을 하다가 아직도 형량이 4개월이나 남은 상황에서, 갑자기 죽게 되었다면 어떻게 되는가? 그렇다면 법원은 본래 죄를 지은 당신에게 남은 형량을 다 채우도록 합법적으로 명령을 내리고 집행할 것이다.

한편 6개월이나 1주일 혹은 그 이전에, 대신 옥살이를 하던 친구가 모범수로 갑자기 석방되었다고 해보자. 친구의 선행에 의해서 형량이 줄어든 것이다. 그는 이제 자유의 몸이 되었고, 실제적으로 모든 죄 값을 치른 것이다. 그렇다면 즉시 "그대는 나를 의롭다고 하기 위해서 감옥에서 풀려난 것이 아닌가!"라며 기쁨을 감추지 못할 것이다. 그리고 나서 자신의 마음에도 **정당하게** "만일 그가 모든 법적 책임에서 자유롭게 되어 감옥에서 풀려난 것이라면, 나의 범죄에 대해서도 완전히 청산된 것이다. 그렇다면 **나에게 더 이상 법적인 책임이 없고, 나는 자유롭게 되었고, 나의 모든 죄가 청산된 것이다!**"라고 확신 있게 말할 수 있을 것이다.

이런 점에서 볼 때, 그리스도의 부활은 하나님을 믿는 사람의 죄를 완전히 청산한 것에 대한 하나님의 선언인 것이다. 우리는 이 사실을 확신 있게 말할 수 있다.

이제 우리는 하나님 자신이 우리 칭의의 근거이실 뿐만 아니라 우리를 의롭다고 하신 장본인이심을 주목해야 한다. 로마서 8장 33절은 "의롭다 하신 이는 하나님"이라고 말한다. 우리를 죄인으로 판결하신 이는 하나님이셨다. 마찬가지로 예수님을 믿는 신자인 우리를 정결하다 하시고 또 의롭다고 선언하신 이도 하나님이시다. 그러므로 우리의 칭의는 완전하면서도 하나님의 권위로 보장되었다. 어느 누구도 우리를 고소할 수 없다.

하지만 우리 측면에서 믿음은 필수적이다. 왜냐하면 신자들만 의롭다 함을 받기 때문이다. 그래서 우리는 "믿음으로 의롭다 하심을" 받은 것이다(롬 5:1). 우리 주 예수님에게 "믿음의 순종"을 드릴 때만이 우리는 그리스도의 사역이 주는 유익에 참여할 수 있다. 주 예수님은 "자기에게 순종하는" 자에게만 "영원한 구원의 근원"이 되신다(히 5:9). 믿음은 우리를 그리스도와 연결시키는 끈이며, 그리스도의 보혈의 공로를 힘입어 의롭다 함을 받을 수 있게 해주는 능력이다.

칭의와 연관해서 생각해볼 또 한 가지 사실은 로마서 5장 18절, "그런즉 한 범죄로 많은 사람이 정죄에 이른 것 같이 한 의로운 행위로 말미암아 많은 사람이 의롭다 하심을 받아 생명에 이르렀느니라"는 구절에 있다. 칭의가 언급되는 거의 모든 구절에서 칭의는 우리가 지은 죄들과 연결되어 있다. 로마서 5장 16절에서도 "많은 범죄로 말미암아 의롭다 하심에 이름이니라"고 되어 있다. 하지만 18절에서는 새로운 사실이 나타나 있다. 즉 우리가 지은 죄들(sins)이 아니라 정말 근본적인 문제인 죄(sin)가 언급되어 있는 것이다. 십자가의 한 의로운 행동은 모든 사람을 의롭다 하심을 받아 생명에 이르도록, 즉 생명의 칭의에 이르도록 역사하고 있다.

이 구절을 이해하려면 전체 본문을 살펴봐야 한다. 로마서 5장

12절에서 마지막 21절까지 잘 살펴봐야 한다. 본질상 모든 사람은 아담과 연결되어 있다. 아담은 모든 인류의 머리이며 또한 근원이기 때문이다. 은혜로 말미암아, 그리스도의 죽음과 부활로 인해서, 모든 신자는 그리스도와 연결되어 있다. 이제 그리스도는 신자가 속한 영적인 인류의 머리와 근원이기 때문이다. 이렇게 표현해보자. 즉 그리스도 안으로 접붙임을 받았기에, 신자는 그리스도의 생명과 본성에 참여한다. 그리스도의 생명 안에서 신자는, 이전에 아담의 생명 안에서 맺은 모든 나쁜 열매들을 합법적으로 청산했다. 이것은 참으로 놀라운 일이지만, 한편 우리 모두가 종종 간과하고 있는 일이기도 하다.

로마서에서 제시하고 있는 칭의는, 과거 신자들이 지은 모든 범죄와 그에 따른 정죄에서 완전한 청산이 이루어졌을 뿐만 아니라 타락한 아담의 본성에 붙어있는 모든 정죄에서도 완전한 청산이 이루어졌음을 선포하고 있다. 그뿐만 아니라 하나님의 역사로 말미암아 우리는 죽은 자 가운데서 다시 살아나신 그리스도 안에 있다. 이처럼 경이로운 역사를 이루신 하나님을 찬송하라!

그리스도의 의가 우리에게 전가된 사실에 대해서는 조금도 언급하지 않으셨네요. 그 이유는 무엇인가요?

왜냐하면 그런 개념은 성경에 없기 때문이다. 그리스도의 의라는 개념을 찾는 것은 어렵지 않다. 그리스도의 의는 절대적으로 완전하고, 아무 흠도 없었기에, 그리스도는 우리를 대신해서 어린 양으로서 희생제물이 되실 수 있었다. 하지만 우리는 그리스도의 피를 통해서 의롭다 함을 받는 것이지, 그리스도의 완전한 삶을 통해서 의롭다 함을 받는 것이 아니다. 그리스도께서 우리를 위해서 죽으신 것은 맞지만, 우리를 위해서 율법을 지키셨다는 것은 성경에 없다. 만일 그리스도께서 그렇게 하셨다면, 그래서 우리를 단지 **율법에 속한 의로움으로** 하나님 앞에 세우고자 하신 것이라면, 그렇다면 우리는 모세의 율법을 지킨 정도의 의를 가지고 있는 것이 된다. 그렇다면 하나님 앞에서 우리의 의는 결국 모세가 "율법으로 말미암는 의를 행하는 사람은 그 의로 살리라"(롬 10:5)고 말한 대로 율법의 의로 의롭게 되는 것에 불과하게 된다. 우리 자신이 행한 것이 아니라 그리스도께서 우리를 대신해서 행한 것일지라도 그 정도에 불과한 것이 되고 마는 것이다.

우리가 소유하고 있는 의(義)는 로마서 10장 6,9,10절에서 말하고 있는 "믿음으로 말미암는 의"이다. 이 믿음으로 말미암는 의(義)는 지상에서 우리를 위해서 율법을 지키신 그리스도와 연결되어 있지 않고, 우리 죄를 위해 죽으신 그리스도를 죽은 자 가운데서 다시 살리신 하나님과 연결되어 있다.

로마서 4장에서, "일한 것이 없이 하나님께 의로 여기심을 받는" 것과 "그것이 그에게 의로 여겨졌느니라"는 구절을 볼 때, 의는 전가되는 것이 분명합니다. 그렇다면 이러한 표현들이 의미하는 바는 무엇인가요?

만일 로마서 4장을 신중하게 읽어보면, 우리는 **여기시나니**(counted, 5절), **여기심을 받는**(imputed, 6절), **여겨졌다**(reckoned, 9절)는 단어들이 여러 차례 사용되고 있는 것을 발견하게 된다. 세 개의 단어는 같은 원어를 다양하게 번역한 결과로서 '**여기다**'라는 의미를 전달해준다. "아브라함이 하나님을 믿으매 그것이 그에게 의로 여겨진 바 되었느니라."(3절) 즉 아브라함은 믿음 덕분에 **하나님에 의해서 의롭다고 여겨졌으며, 의인의 대접을 받았다.** 9절의 "그 믿음이 의로 여겨졌다"는 말은 오해하기 쉬운 표현이다. 믿음과 의가 서로 대치를 이루고 있는 느낌이 든다. 사실 "그에게 의로 여겨졌다(reckoned to him as righteousness)"고 해야 하며, 이 말은 "그에게 의로서 계산되었다"고 해석할 때, 더욱 의미심장하게 다가온다. 다비의 새 번역에 보면, 이 구절에 대한 상세한 주석이 있는데, 상당한 통찰력을 준다.

로마서 4장의 논증은 칭의가 구약시대의 아브라함이든 오늘날 그리스도를 믿는 신자이든, 모든 사람의 심판자이신 하나님 앞에서 의롭다고 여김을 받을 수 있는 길은 오직 하나 밖에 없다는 사실을 보여준다. 즉 행위가 아닌 믿음으로 되는 것이다. **행위와 상관이 없다**는 사실에 주목하라! 사람이 의롭게 되는 일에는 율법에 대한 그리스도의 완벽한 순종이 개입되지 않았다. 우리가 의롭게 된 것은 그리스도께서 율법을 지키신 것을 전가 받음으로써 된 것이 아니라는 것에 대한 또 다른 증거가 필요한가! 우리를 의롭다 하기 위해서 필요한 것은 그리스도의 죽음과 부활이다. 이 사실이 로마서 4장 전체에 걸쳐서 설명되고 있으며, 마지막 구절에서 절정을 이루고 있다. 로마서 4장 25절을 읽어보라. "예수는 우리가 범죄한 것 때문에 내줌이 되고 또한 우리를 의롭다 하시기 위하여 살아나셨느니라."

로마서 4장 25절은 우리가 죄인이었기 때문에 예수님께서 죽으셨고, 예수님의 죽으심을 통해서 우리가 의롭다 함을 받았기 때문에 예수님이 다시 살아난 것으로 이해가 됩니다. 이것이 올바른 생각인가요?

로마서 5장까지 읽어보면, 그렇지 않다는 것을 알게 된다. 현재 장이 나뉘어 있는 것은 때로는 자연스럽지 않고 하나의 단락이 중간이 끊어진 것처럼 인위적으로 느껴질 때가 많다. 이 경우도 마찬가지이다. 예수님은 "우리를 의롭다 하시기 위하여 살아나셨느니라 그러므로 우리가 믿음으로 의롭다 하심을 받았으니 우리 주 예수 그리스도로 말미암아 하나님과 화평을 누리자." 이렇게 이어져야 자연스럽다.

당신이 언급한 해석은, 예수님이 죽으셨을 때 우리의 칭의가 완성되었고, 예수님의 부활은 다만 그 결과일 뿐이라는 인상을 준다. 이러한 해석은 전적으로 우리의 믿음을 제거해버린다. 로마서 5장 1절을 보면 우리의 믿음이 더 이상 필요 없게 된 것이 아니다. 예수님의 죽음은 우리가 지은 죄 때문에 필요한 것이었고, 이제는 **우리가 의롭다 함을 받는 근거**가 된다. 하지만 이 둘은 서로 다른 사안이다.

첫 번째로, 그리스도의 부활은 복된 사실을 선언한다. 즉 예수님이 죄에 대한 하나님의 심판을 대신 감당하셨기 때문에, 예수님은 죄를 영원히 제거하셨다. 두 번째로, 예수님을 믿는 모든 사람의 죄 문제가 완전히 청산되었다.

우리는 이 부분을 자세히 살펴보아야 한다. 예수님은 우리가 범죄한 것 때문에 내줌이 되었다. 예수님은 우리를 의롭다 하기 위한 목적으로 살아나셨다. 하지만 각 개인의 칭의는 개인적으로 **믿을 때에만** 효력이 발휘된다.

제 3장 구속
Redemption

죄는 우리를 유죄상태에 빠뜨렸고 정죄상태에 이르게 했을 뿐만 아니라 그 무서운 노예상태로 감금시켰다. 우리 스스로의 힘으로 그 노예상태에서 벗어나는 것은 절대적으로 불가능하다.

따라서 복음은, 우리의 유죄상태에 대해서는 죄 사함을 선언하며, 정죄상태에 대해서는 칭의를 가져다주지만, 노예상태에 대해서는 자기 백성을 죄의 종노릇한데서 구출하시는 구속자로 하나님을 계시하면서, 자신의 소유된 백성들이 이전에 지고 있던 모든 죄의 짐을 벗김으로써 자유를 가져다준다.

구약성경에는 구속(救贖)에 대한 다양한 사례들이 있는데, 그 가운데 하나가 "복수 혹은 보복으로부터 자유롭게 해준다."는 의미가 있다.

출애굽기에서 우리는 구속에 대한 모형을 볼 수 있다. 노예상태에서 박해를 받던 이스라엘의 자손들에게 여호와께서는 "내가 애굽 사람의 무거운 짐 밑에서 너희를 빼어내며 그 고역에서 너희를 건지며 편 팔과 큰 재앙으로 너희를 구속하여"(출 6:6)라고 말씀하셨다. 따라서 이것은 분명 애굽 사람들을 향해서 그들의 죄와 허물을 **갚도록 함으로써** 자기 백성을 구속하시는 하나님의 구속의 한 사례이다. 어린양의 피로써 죄인들을 구속하시는 것은, 죄인들이 하나님께 **빚진 것을 갚도록 하심으로써** 구속하는 것을 보여준다. 모든 것이 실질적으로 이루어졌을 때, 이스라엘 백성들이 홍해 제방에 서서 "주의 인자하심으로 주께서 구속하신 백성을 인도하시되 주의 힘으로 그들을 주의 거룩한 처소에 들어가게 하시나이다."(출 15:13)라고 노래하는 것을 보게 된다.

구속에 대한 놀라운 예화를 우리는 룻기에서 볼 수 있다. 보아스는 엘리멜렉의 기업을 값을 주고 샀으며(구속했으며), 게다가 룻을 아내로 취함으로써 죽은 자의 이름을 세웠다. 여기엔 구속에 대한 두 가지 개념이 포함되어 있다. 즉 보아스는 구속의 권리를 통해서 둘, 즉 아내와 기업을 자신에게로 귀속시켰다.

모형과 예화 속에는 이런저런 형태의 노예상태가 내포되어 있다. 모형적으로 볼 때, 이스라엘은 바로의 압제 아래서 노예상태에 있었고, 재삼재사 애굽은 이스라엘과의 관계 속에서 노예의 집으로 불렸다. 예화적으로 볼 때, 죽은 자 엘리멜렉의 기업은 다른 사람의 손으로 넘어갈 위험 속에 있었고, 과부와 며느리 모두 노예상태에 처해 있었다. 그런데 그들의 기업 무를 자(친족 가운데 기업을 구속할 자), 보아스의 행동으로 인해서 이러한 재앙에서 벗어날 수 있었다.

신약성경으로 와보면, 우리는 칭의와 더불어 구속이 함께 로마서 3장에서 소개되어 있는 것을 볼 수 있다. 즉 로마서 3장 24절은 "그리스도 예수 안에 있는 구속으로 말미암아…의롭다 하심을 얻은 자 되었느니라."고 말하고 있다. 이 구절은 중요한 점을 강조하고 있다. 즉 그리스도의 구속이 가지고 있는 여러 가지 측면들과 그 효력이 서로 깊이 연결되어 있기 때문에, 우리는 다른 측면을 배제한 채 어느 하나의 측면만을 취할 수 없게 된다. 따라서 여러 측면들은 나눌 수는 없지만, 분명 구분할 수는 있다. 로마서 3장의 초반부는 우리가 유죄상태이며 또한 죄의 정죄 아래 있다는 점과 아울러 죄의 노예상태에 있다는 점을 설명하고 있다. "노예상태

혹은 종노릇"이라는 단어는 로마서 8장까지 실제로 사용된 적은 없지만 그 개념은 존재한다. 왜냐하면 사도 바울은 "유대인이나 헬라인이나 다 죄 아래 있다고 우리가 이미 선언하였느니라."(롬 3:9)고 말하고 있기 때문이다. "죄 아래 있다"는 것은 죄의 권세 아래 있는 것이며, 죄에게 종노릇하고 있는 상태를 가리킨다. 그리스도께서는 우리가 지고 있던 모든 죄의 부채를 지불할 만큼 위대한 역사를 이루셨기에, 구속은 우리를 위해서 그리스도 안에서 성취되었다.

로마서를 계속 읽어가다 보면, 우리는 로마서 6,7장과 8장 초반부에서 어떻게 우리가 죄의 폭정과 율법의 멍에에서 실제적으로 자유를 얻을 수 있는지를 발견하게 된다. 이 모든 것은 우리가 "썩어짐의 종노릇하는 상태"에 있음을 입증한다. 이 표현은 실제로는 로마서 8장 21절에서 사용되었다. 이 구절은 온 전체 피조물이 노예상태에 있으며, 하나님의 자녀들이 영광의 자유에 들어갈 때 모든 피조물도 해방될 것을 말해주고 있다. 주님이 오실 때 하나님의 자녀들은 자기 영광에 들어갈 것이며, 그때 모든 피조세계를 위한 자유의 희년이 선포될 것이다.

그 순간을 위해 우리는 기다려야 한다. 23절은 그 순간이 "양자 될 것 곧 우리 몸의 구속"이 이루어지는 때라고 말한다. 여기서 다시 구속이라는 말이 등장한다. 지금까지 우리는 이 단어를 노예상태에서 해방되어 자유를 누리는 것으로 설명해왔다. 하지만 우리의 몸의 구속은 보복을 통해서 자유를 얻는 것으로 제시되어 있다. 그래서 성경은 "내가 저희를 음부의 권세에서 속량하며 사망에서 구속하리니 사망아 네 재앙이 어디 있느냐 음부야 네 멸망이 어디 있느냐 뉘우침이 내 목전에 숨으리라"(호 13:14)고 말하고 있다. 이 구절은 고린도전서 15장 55절에서 인용되어 몸의 부활에 적용되고 있다. 그 기쁨의 날에 하나님의 모든 성도들의 몸은 마지막 원수인 사망의 손아귀에서 완전히 벗어나게 될 것이다.

그리스도의 구속사역은 갈라디아서에서 선명하게 부각되어 있다. 우리는 갈라디아서 3장 13절에서 "그리스도께서 우리를 위하여 … 율법의 저주에서 우리를 구속하[신]" 놀라운 사실을 보게 된다. 하지만 이 구속사역은 우리를 대신해서 값을 지불함으로써 된 것이다. 따라서 그 중간에 "저주를 받은 바 되사"라는 구절이 삽입되어 있다.

우리는 율법의 저주 아래 있었을 뿐만 아니라 율법 자체가 우리를 노예로 부리고 있었다. 우리는 "이 세상의 초등학문 아래 있어서 종 노릇 하였[다.]"(갈 4:3) 계속해서 읽어가다 보면 사도 바울은 "약하고 천박한 초등학문으로 돌아가서 다시 종노릇"(갈 4:9) 하는 것에 대해서 말한다. "초등학문(elements)"으로 번역된 단어는 "기초적인 원리(principles)"라는 의미를 가지고 있으며, 히브리서 5장 12절에서는 "말씀의 초보"로 번역되었다. 우리는 그러한 단어들 - 거의 경멸조로 사용된 단어들 - 이 하나님이 주신 율법에 적용되고 있다는 사실에 놀라게 되며, 갈라디아서 4장 3절에서 사용된 "우리"라는 말은 분명 유대인을, 그리고 6절에서 사용된 "너희"는 갈라디아 이방인들을 가리키는 것을 볼 수 있다. **둘 다** 세상의 초등원리 아래서 종노릇하고 있었다. 모세의 율법도 이 사실에 예외는 아니다. 모세의 율법은 하나님의 요구를 제시하고 있지만, 그럼에도 세상의 초등원리와 일치를 이루고 있었다. 율법의 기초적인 원리는 사람으로 하여금 하나님의 호의를 얻으려면 하나님께 순종하는 길 외엔 없다는 사실에 전적으로 달려 있다. 이것은 세상의 초등원리와 정확하게 일치한다. 하지만 은혜는 그렇지 않다. 율법은 세상 밖에 있는 원리를 들여온 것이 아니었다.

유대교나 혹은 다른 곳에서 발견하는 세상의 초등원리는 약하고 천박한 것이었고, 그리스도께서 우리를 율법에서 구속하신 것은 우리로 아들의 명분을 얻게 하기 위한 것이었다. 그러한 것이 하나님의 강력한 은혜이다.

우리가 살펴본 대로 구속은 몸의 부활까지 확장되며, 이 사실은 다시금 에베소서에 나타나있다. 우리는 "그의 피로 말미암아 구속 곧 죄 사함을"(엡 1:7) 받았고 성령의 보증을 통해서 "우리의 기업에 보증이 되사 그 얻으신 것을 구속"(엡 1:14)했을 뿐만 아니라 우리는 "구속의 날까지 인치심을"(엡 4:30) 받았다. 세 개의 구절 가운데 첫 번째 구속 곧 죄 사함은 현재 우리의 소유가 되었다. 그리고 두 번째, 세 번째 구속은 장차 미래에 이루어질 것으로, 우리 모두는 그 실현될 날까지 기다려야 한다. **이 모두는** 그리스도께서 자신의 죽음을 통해서 값 주고 사신 것이며, 장차 모든 불법한 자들의 손에서 되찾아올 것들이다. 우리의 몸은 바로 그 순간을 기다리고 있으며, 성도들을 위해 오시는 주 예수님의 재림의 날에 구속이 완성될 것이다. 그 일이 이루어질 때, 주님은 권능의 손을 펼치심으로 자신이 얻으신 모든 것들을 대적의 손에서 되찾아 오는 구속의 역사를 이루실 것이다. 이 구속의 역사를 위해서 주님은 이미 자기 피로 값을 지불하셨다.

이렇게 장차 큰 권능으로 이루어질 구속은 구약성경 예언의 큰 주제이다. 이것은 특히 이사야서의 후반부의 중요한 주제이다. 이스라엘은 구속을 필요로 했다. 왜냐하면 이방인의 압제 아래 있었기 때문이다. 그래서 이스라엘은 "지렁이 같은 너 야곱아"(사 41:14)라고 불렸다. 그리고 여호와는 자신을 "네 구속자, 이스라엘의 거룩한 자"로 선언하셨다. 이렇게 자신을 소개한 후, 이사야 63장에 이를 때까지 하나님은 자신을 계속해서 구속자로 말씀하신다. 그리고 거기서 이사야 선지자는 환상 중에 에돔과 보스라에서 오시는 하나님을 보게 된다. 그리고 마침내 하나님은 "내 원수 갚는 날이 내 마음에 있고 내 구속할 해가 왔[다]"(사 63:4)고 선언하신다. 하나님께서 참 이스라엘을 구속하시는 것은 바로 모든 대적을 향한 보응 또는 보복을 의미했다.

하나님의 강력한 보복을 통해서 구속을 성취하실 것에 대한 여러 약속들을 담고 있는 충격적인 몇 개의 장에서 우리는 그리스도의 죽음이라는 수단을 통해서 성취되는 구속의 더욱 깊은 측면에 대한 참으로 경이로운 예언을 볼 수 있다. 우리는 "너희가 값없이 팔렸으니 돈 없이 구속되리라"(사 52:3)는 구절을 보게 된다. 이어서 우리 마음을 감동시키는 장이 이어지는데, 곧 이사야 53장은 찬송 받으실 여호와의 종께서 고난을 당하고 죽임을 당함으로써 그 영혼을 죄에 대한 속건제물로 드리는 모습을 그리고 있다. 장차 "구속자가 시온에 임하며 야곱 중에 죄과를 떠나는 자에게"(사 59:20) 임하실 것이다. 하지만 이 일은 구속자가 먼저 자기 영혼이 수고한 결과로써 그들을 돈 없이 구속한 결과로써만 가능한 일이다.

베드로가 "너희가 알거니와 너희 조상의 유전한 망령된 행실에서 구속된 것은 은이나 금같이 없어질 것으로 한 것이 아니요 오직 흠 없고 점 없는 어린 양 같은 그리스도의 보배로운 피로 한 것이니라"(벧전 1:18-19)고 썼을 때, 어쩌면 그는 이사야 성경을 참고했을지도 모른다. 이사야 52장은 "돈 없이 구속"(사 52:3)되는 것에 대해서 말한다. 이사야 53장은 "강포를 행하지 아니하였고 그의 입에 거짓이 없었으나"(사 53:9), 우리의 구속을 위해서 "마치 도수장으로 끌려가는 어린 양"(사 53:7) 같이 되신 분에 대해서 말한다.

우리는 종종 사람들이 "완성된 구속사역"에 대해서 말하는 것을 듣습니다. 우리가 우리 몸의 구속을 기다린다는 사실의 측면에서도 그렇게 말하는 것이 옳은가요?

그렇지 않다. 사람들이 그렇게 말할 때, 그들은 피에 의한 구속의 역사만을 염두에 두고 말하는 것이다. 구속은 위대한 역사의 일부로서 이미 완성되었다. 화목도 이미 이루어졌으며, 마찬가지로 죄 사함이나 칭의의 문제도 이미 완성되었다. 하지만 몸의 구속은, 우리가 이미 살펴본 대로 미래적인 측면이 있다. 그럼에도 장래 어느 날 구속의 역사가 마무리되는 것에 대해서 혹 의구심이 들도록 말하는 것을 조심할 필요가 있다. 몸의 구속은 미래적인 것이지만 피에 의해서 구속된 사람에게 몸의 구속은 한 사람도 빠짐없이 이루어질 것이다.

물론 구속의 미래적인 측면이 있지만, 우리 자신을 이미 구속받은 것처럼 말할 수 있지 않을까요? 우리 자신을 구속받은 사람으로 말해선 안되는 것인가요?

성경은 두 군데, 즉 에베소서 1장과 골로새서 1장에서 "우리가 그의 피로 말미암아 구속을 받았다."라고 말한다. 따라서 우리가 **구속을 받았노라고 담대하게 말한다고 해서 잘못된 것은 아니다.** 하지만 이것은 **그리스도의 피를 통한 구속에 한정되어야** 한다. 이 사실을 상기하기 바란다. 따라서 구속은 전적으로 과거에 속한 일이다. 반면 우리 몸의 구속은 전적으로 미래에 속한 일이다. 구속은, 성경에서 결코 점진적으로 진행되는 것처럼 제시된 적이 없다. 성경은 두렵고 떨림으로 날마다 구원을 이루라고 말하지만, 우리가 날마다 구속을 이루어 가는 것에 대해서는 말하고 있지 않다.

구속은 미래에 속한 일이기 때문에 혹 불편한 교리가 아닌가요? 조금이라도 불확실성이 개입될 여지가 있는 것은 아닐까요?

만일 구속이 인간의 일이라면, 조금이라도 인간적인 요소가 개입되는 것이라면 불확실성의 문제가 대두될 것이다. 단지 약간의 의구심만 생기는 것이 아니라, 존립자체가 위태해진다. 하지만 하나님께 감사하자. 구속은 인간의 일이 아니라 하나님의 일이다. 하나님은 결코 자신의 일을 미완성으로 내버려두지 않으신다. 이것을 우리는 하나님께서 애굽에서 이루신 구속의 모형적인 역사를 통해서 볼 수 있다. 하나님은 이스라엘의 자손들을 유월절 어린양의 피로써 구속하시고, 그리고 나서 잊어버리심으로써 그들을 애굽의 노예감독 아래 내버려 두지 않으셨다. 그렇지 않았다.

하나님은 피로써 구속하신 그들 모두를 다시 한 번 큰 능력으로 구속하심으로써 애굽에서 완전히 벗어나게 하셨다. 각 사람이, 즉 가장 나이 어린 아이에 이르기까지 모두가 애굽을 떠났다. 심지어는 이스라엘에 속한 말발굽 하나도 남겨두지 않았다. 하나님은 우리에 대한 자신의 일을 완성하실 것이다. 그리스도의 보배로운 피로써 구속된 모든 사람은 그리스도의 재림의 날에 성도들의 몸을 구속하시는 역사에 참여하게 될 것이다.

구속은 하나님이 자기 백성들에게 이루실 가장 최종적인 역사인가요?

그렇지 않다. 순서상 끝이라기 보다는 의미상 끝이다. 구약시대에 하나님은 순서상 이스라엘을 하나님이 주신 땅에서 하나님을 섬기는 자신의 특별한 백성으로 삼고자 하셨다. 하나님은 이러한 목적을 이루시고자 그들을 애굽에서 구속하셔야만 했는데, 이는 그들이 바로에게 종노릇하는 상태에 있는 한 하나님을 섬기는 일이 불가능했기 때문이었다. 우리의 경우에는 순서상 마지막은 이보다 더 높은 수준에 속한 것임을 알아야 한다.

즉 하나님의 최종적인 목적은 우리가 사랑 안에서 하나님 앞에서 아들들이 되는 것이다. 에베소서 1장 5-7절은 이 사실을 말하고 있다. 우리는 구속이 그 최종적인 목적을 이루는데 필수적인 것을 볼 수 있다. 골로새서 1장은 우리가 빛 가운데 있는 성도의 기업을 얻기에 합당하게 된 사실을 보여준다. 또다시 구속이 이것을 이루는데 필수적인 것이라고 말하고 있다. 베드로는 베드로전서에서 하나님이 우리를 "예수 그리스도로 말미암아 하나님이 기쁘게 받으실 신령한 제사를 드릴 거룩한 제사장이"(벧전 2:5) 되도록 계획하셨다고 교훈하고 있다. 이것을 위한 예비적인 절차로, 그는 우리가 그리스도의 보배로운 피로 구속된 사실을 언급하고 있다.

이렇게 동일한 내용을 말하고 있는 여러 성경구절들을 인용해 보일 수도 있다. 하나님은 자기 백성들을 위한 많은 계획을 가지고 있지만, 그 모든 것이 성취되는 근거는 바로 구속(redemption)에 있다. 우선 우리는 모든 원수들의 권세로부터 구속되었다. 그리고 하나님은 자신의 밝은 계획들을 자신의 방법에 따라 수행해 나가신다.

룻기는 이스라엘의 풍습 가운데 기업 무를 권리를 가진 친족의 이야기를 우리에게 보여주고 있습니다. 이것이 우리에게 어떤 의미를 가지고 있는 것인가요?

확실히 그렇다. 값을 주고 사오는 측면이 하나있고, 구속하는 측면이 하나있다. 가장 가까운 근족은 우선적으로 권리를 가지고 있지만, 모든 것을 구속하는 권리를 행사하려면 무엇보다 친족이어야만 한다. 천사와 인간 사이에는 친족 관계가 없다. 따라서 천사들이 비록 그럴 능력을 가지고 있을지라도 사람을 결코 구속할 수 없다. 주 예수님은 천사가 되신 것이 아니라, 사람이 되셨다. 이로써 주님은 우리의 친족-구속자가 될 수 있는 자격을 얻으셨다. 이것은 우리 주님의 참된 인성이 가진 참으로 중요한 요소이다.

히브리서 2장에는 구속이란 단어가 사용되고 있지 않다. 그럼에도 주님이 십자가에 죽으심을 통해서 사망의 세력을 잡은 자를 무력화시키고 우리를 해방시키심으로써 우리의 구속을 완성하신 것은 천사들을 붙들어 주려 하심이 아니요 오직 아브라함의 자손을 붙들어 주려는 것이었다.

에베소서 1장 14절은 "그 얻으신 것을 구속"하실 것을 말하고 있습니다. 그렇다면 우리는 얻으신 것과 구속을 구분해야 하는 것인가요?

구분해야 한다고 본다. 구속이 값 주고 얻는 것을 포함하고 있지만 값을 주고 사는 것은 구속과는 직접적인 연관이 없다. 성경은 신자들이 "값으로 산 것"(고전 6:20)이 되었다고 말한다. 거짓 교사들은 "자기들을 사신 주를 부인하고 임박한 멸망을 스스로 취하는 자들"(벧후 2:1)이다. 신자들을 사신 것은 그들의 구속과 연결되어 있다. 거짓 교사들, 즉 멸망을 스스로 취하는 자들을 사신 것은 그들의 구속과 연결되어 있지 않다. 만일 구속과 연결되어 있다면, 그들은 멸망을 당하지 않을 것이다. 주 예수님은 자신의 죽음을 통해서 값을 주고 모든 권리를 획득하셨으며, 심지어는 자신이 구속하지 않은 사람들에 대한 권리까지 획득하셨다.

에베소서 1장 14절은 이 사실을 다루고 있지 않고, 다만 주님께서 자신의 죽음을 통해서 얻으신 것을 궁극적으로는 자신의 권능으로써 모든 대적하는 원수들로부터 도로 찾아오실 것, 즉 구속하실 것을 언급하고 있다. 이러한 것이 피에 의한 구속과 권능에 의한 구속 사이의 실제적인 차이점이다.

제 4장 화목
Reconciliation

    하나님의 영은 우리에게 그리스도의 사역이 가진 엄청난 영향력과 효력에 대해서 여러 다양한 말씀들로 계시하신다. 화목은 그 가운데 하나이며, 화목이 가진 의미는 참으로 엄청나다. 화목은 칭의 혹은 구속이 우리에게 주는 것보다 더욱 긍정적인 복음의 복을 가져다준다. 화목의 개념은 신약성경에서 독보적으로 제시되어 있다.

    언뜻 보기에는 그럴 것 같아 보이지 않을 것이다. 성구사전을 보면, 화목이란 단어는 구약성경에서 9번 등장한다. 좀 더 자세히 살펴보면, 이 가운데 7번은 대속(atonement, 속량)이라는 단어를 화목으로 번역한 것임을 볼 수 있다. 이 단어를 사용하고 있는 한 경우를 보면, 속죄 제사(sin offering)를 드리는 일과 연관이 있다. 나머지 하나는 사무엘상 29장 4절 "화합"이라는 단어인데, 이것만이 신약성경의 의미와 근접해 있다. 하지만 이 구절의 그 대상이 하나님은 아니다.

신약성경에서 직접적으로 화목을 설명하고 있는 세 개의 구절은 로마서 5장, 고린도후서 5장, 골로새서 1장에 있으며, 에베소서 2장에서도 화목에 대한 언급이 있다.

칭의는 우리에게 꼭 필요한 것이다. 왜냐하면 죄로 인해서 유죄 상태에 있고 이로 인해서 정죄 아래 있기 때문이다. 구속도 필요하다. 왜냐하면 죄로 인해서 종노릇하는 상태에 있기 때문이다. 하나님과의 화목은 절대적으로 필요하다. 왜냐하면 죄가 초래한 가장 치명적인 효력은 우리를 하나님에게서 멀리 떨어지게 했고, 우리 마음에 거리감을 가지게 했기 때문이다. 골로새서 1장 21절 "멀리 떠나"라는 단어는 지금 우리가 화목된 상태와 비교해 볼 때, 얼마나 대조적인 감정을 느끼게 하는가! 만일 우리가 서로 단절된 관계가 가져다주는 참담함을 제대로 이해하게 되면, 화목의 개념을 보다 더 잘 이해하게 될 것이다.

에베소서 4장 8절은 인간의 타락으로 인해서 "하나님의 생명에서 떠나 있[는]" 상태를 말하고 있다. 우리가 "하나님의 생명에서 떠나 있는 상태"에 있음을 발견하게 될 때, 우리는 문제의 본질을 깨닫게 된다. 이러한 소외(疏外) 상태와 연결되어 있는 것들이 바로, 허망함(공허함), 총명의 어두움, 양심의 무감각, 지적인 무지, 방탕함, 더러움 등이다. 이것은 그릴 놀랄 일이 못된다. 왜냐하면 하나님의 생명은 이 모든 것들과 정확하게 반대이기 때문이다. 우리를 하나님에게서 멀리 떠나게 한 죄는 하나님과 조화를 이루고 있는 생명에 속한 모든 것들로부터 우리를 단절시켰다.

하나님에게서 떠나 있는 상태에 있는 우리는 나면서부터 자연스럽게 하나님을 갈망하는 마음이 없으며, 하나님의 임재에 속한 빛과 생명도 바라는 마음이 없다. 이 일은 죄가 세상에 들어오고, 소외 상태가 시작되면서 일어났다. 창세기 3장은 이 사실을 증거하고 있다. 아담과 그의 아내의 행동은 분명 이 사실을 확증해준다. 그들은 동산에 거니시는 주 하나님의 음성을 듣자마자 동산 나무 사이에 숨었다. 하나님은 즉시 그들을 죽게 하지는 않으셨다. 오히려 자비와 긍휼로 대하셨다. 하지만 **그들과 하나님 사이에는 사람이 어찌 해볼 수 없는 장벽이 서게 되었는데**, 곧 하나님 편에서 그룹들(케루빔)과 화염검을 두어 세우신 장벽이었다.

죄는 그렇게 사람을 기뻐하신 하나님의 기쁨을 훼손시켰다. 사실 이렇게 말하는 것은 너무 부드럽게 말하는 것이다. 창세기 6장에 오게 되면 우리는 인간이 자신의 죄악된 성향을 발전시킬 충분한 시간을 가짐으로써 전적으로 타락하고 부패하게 된 결말을 보게 된다. 그 결과 "여호와께서 사람의 죄악이 세상에 관영함과 그 마음의 생각의 모든 계획이 항상 악할 뿐임을 보시고 땅 위에 사람 지으셨음을 한탄하사 마음에 근심하[셨다.]"(창 6:5,6)는 말씀을 보게 된다. 창세기 2장 끝부분까지 사람과 연관된 모든 것에 대해서 "심히 좋았더라."는 선언을 볼 수 있다. 한때 사람은 하나님의 눈에 심히 좋았지만, 이제 사람은 한탄과 근심덩어리가 되었다. 완전한 소외(단절)이 일어난 것이다.

사람 쪽에서도 완전한 소외가 일어났다. 사람이 하나님께 불쾌한 존재이듯이 하나님도 사람에게 불쾌한 존재가 되었다. 로마서 1장 후반부는 사람이 하나님에게서 멀리 떠나 있는 존재가 됨으로써 일어난 끔찍스러운 결말을 소개하고 있다. 인류가 추락한 상태는 "저희가 마음에 하나님 두기를 싫어[한]"(28절) 결과였다. 로마서 3장은 우리에게 "하나님을 찾는 자도 없[다]"고 말함으로써 이 사실을 확증해준다. 로마서 5장에 가보면, "우리가 원수 되었을 때에…하나님으로 더불어 화목되었[다]"(롬 5:10)는 선언을 보게 된다.

여기서 우리는 조심스럽게 차이점을 이끌어내야 한다. 우리 쪽에서 소외(단절)는 생명에서 뿐만 아니라 마음에서도 일어났다. 하나님 쪽에서 소외(단절)는 생명의 교통이 없는 것으로써 우리가 느끼는 것보다 더욱 침통한 일이었지만, 그럼에도 마음에서 소외(단절)이 일어난 것은 아니었다. 다른 말로 하자면, 죄인으로서 우리는 하나님을 미워했지만, 하나님은 결코 우리를 미워하신 적이 없었다. 하나님이 우리를 미워하셨다면 다만 우리를 정죄하고 그냥 내버려두시면 그만이다. 그 대신에 하나님은 우리를 위해 화목을 이루셨다. 화목은 "그 아들의 죽으심"이라는 엄청난 비용을 지불함으로써 이루어졌다.

주 예수님은 화목의 영으로 세상에 오셨다. "하나님께서 그리스도 안에 계시사 세상을 자기와 화목하게 하시며 저희의 죄를 저희에게 돌리지 아니하셨다.](고후 5:19) 이러한 것이 그리스도의 삶과 사역의 특징을 이루고 있다. 심판이 아니라 용서가 그리스도의 사역의 핵심이었다. 명백한 죄에 대해서도 주님은 정죄하지 않으셨다. 요한복음 8장 11절 "나도 너를 정죄하지 아니하노니"와 누가복음 23장 34절 "아버지 저들을 사하여 주옵소서 자기들이 하는 것을 알지 못함이니이다"는 구절을 생각해보라. 화목을 위해서 하나님이 하실 수 있는 모든 것이 그리스도를 통해서 이루어졌지만, 그러한 모든 제안은 인간에 의해서 거절당했으며, 오히려 그리스도는 십자가에 못 박히셔야만 했다. 하지만 하나님의 화목케 하는 자비는 십자가를 통해서 가장 기념비적인 승리로 자리매김 하게 되었다.

이것은 하나님께서 "죄를 알지도 못하신 이를 우리를 대신하여 죄로 삼으신 것은 우리로 하여금 그 안에서 하나님의 의가 되게 하려[는]" (고후 5:21) 것이었다. 만일 우리가 그리스도 안에서, 즉 죽었다가 다시 살아나신 그리스도 안에서, 바로 그 하나님의 의가 되었다면 하나님을 향한 불쾌함이나 혹은 무감각은 더 이상 있을 수 없게 된다. 더 이상 우리를 보실 때 하나님의 마음을 슬프게 하는 것은 있을 수 없게 되며, 오히려 그 반대의 일이 일어날 것이다. 그리스도는 (십자가에서) 우리와 동일시되셨고, 하나님의 심판 아래서 우리의 죄가 되셨다. 우리는 (부활 안에서) 그리스도와 동일시되었고, 죽은 자 가운데 다시 살아나신 그리스도 안에서 열납되었다.

골로새서 1장 21,22절은 다른 형태지만 동일한 진리를 볼 수 있다. 우리는 "이제는 그의 육체의 죽음으로 말미암아 화목" 되었다. 그리스도께서 사람이 되셨고, 이로써 육체의 몸을 가지심으로써 죽을 수 있게 되었기 때문이다. 따라서 그리스도의 죽음의 결과로 이루어진 화목을 통해서, 우리는 "(하나님의 눈앞에) 거룩하고 흠 없고 책망할 것이 없는 자로" 설 수 있게 되었다.

그리스도의 육체의 몸이란 말은 매우 독특한 표현이지만, 매우 유사한 형태로 여러 곳에서 사용되고 있다. 로마서 7장 4절, 에베소서 2장 15절, 히브리서 10장 10절, 그리고 20절이다. 만일 우리가 제대로 이해하고 있다면, 이러한 구절들에 담긴 개념은 은혜로 오신 주 예수님께서 죄에서 멀리 떠나 있는 인성을 입으신 가운데 자신을 우리의 자리와 우리의 상태에 동일시하심으로써 죄를 위한 희생 제물로 자신의 거룩한 몸을 드리셨고, 또한 자신의 생명을 내어놓으신 것을 의미한다. 그리고 부활 안에서 생명을 다시 얻으셨고, 그 생명 안에서 신자들을 자신과 동일시하셨다. 그리스도의 죽음은 옛 질서에 속한 모든 것을 합법적으로 끝내고 심판하는 것이었다. 그렇다면 그리스도의 부활은 새로운 창조의 시작인 것이다.

그렇다면 이처럼 강력한 변화가 "그의 육체의 죽음으로 말미암아" 우리를 위해서 이루어진 것이다. 결과적으로 하나님 앞에서 우리의 전체적인 입장은 완전히 바뀌었다. 전에 우리는 타락한 아담이 자리하고 있는 그 정확한 위치에 있었고, 따라서 하나님께 더 이상 혐오스러울 수 없을 정도였고, 더 이상 악화될 것이 없는 상태에 있었다. 하지만 이제는 그리스도 안에 있는 자로서, 우리는 죽은 자 가운데서 다시 살아나신 그리스도께서 자리하고 있는 바로 그 자리에 있으며, 하나님께 이보다 더 큰 기쁨을 줄 수 없는 자리, 더 이상 기뻐할 것도 없고 또 더할 나위 없이 좋은 상태에 있다. 이것이 바로 하나님 쪽에서 이루신 화목의 측면이다. 이 화목의 사역은 하나님께서 그리스도의 죽음을 통해서 친히 이루셨다. 따라서 완전하고 절대적이다. 우리를 위해서 성취되었으며, 영원히 성취되었다. 이것은 고린도후서 5장 17절이 말하는 대로, 새로운 창조의 질서를 가져온 역사인 것이다.

우리 쪽에서도 동일하게 충족시켜야만 하는 일도 있다. 성경은 우리에 대해서 "전에 악한 행실로 멀리 떠나 마음으로 원수가 되었던 너희"(골 1:21)라고 말한다. 이것은 결과적으로 우리 모든 사람이 하나님에 대해서 결정적이면서도 근본적인 마음과 태도의 변화가 있어야 함을 뜻한다. 하나님의 마음이 우리에 대해서 변화될 필요는 없고, 다만 하나님을 향한 우리의 마음이 변화될 필요만 있다. 따라서 복음은 사도들에게 "화목하게 하는 말씀"으로 맡겨졌다. 사도들은 그리스도의 대사로서 그리스도를 대신하여 사람들로 하나님과 화목하도록 화목케 하는 직책을 수행했다(고후 5:19,20). 우리가 복음을 믿을 때, 화목케 하는 사역이 우리에게서 효력을 나타나게 되는데, 이것을 성경은 "이제 우리로 화목을 얻게 하셨다"(롬 5:11)고 말한다. 화목이 이루어진 결과로, 우리는 전에 하나님을 두려워하고 또 미워했지만, 이제는 하나님 안에서 즐거워하게 된다.

이제 정리를 해보자. 화목이라고 하는 복된 진리는 하나님을 몹시 싫어했기에 심판받아 마땅했던 우리에 대한 모든 것이 그리스도의 죽음으로 심판받았고 소멸되었음을 말해준다. 화목이 이루어진 결과로 우리는 하나님 앞에서 완전한 용납 가운데 서있을 수 있게 되었다. 그리스도의 사역의 결과로, 하나님은 "우리를 그 사랑하는 자 안에서 받아주셨다."(엡 1:6, 참조) 그리스도를 열납하신 것이 우리를 열납하시는 척도(尺度)이다. 그리스도를 열납하신 척도는 그리스도께 주신 이름으로 알 수 있다. 즉 "**사랑하는 자**"이다. 게다가 우리 안에서 일어나는 성령의 역사인 거듭남과 별개로 복음을 믿은 게 아니라면, 우리는 믿는 즉시 화목의 실제를 누리게 된다. 하나님을 향한 우리의 생각은 완전히 변화된다. 전에 우리 마음을 가득 채웠던 적대감은 사라지고, 우리는 진정 하나님 안에서 즐거워하게 된다. 새로운 날의 여명이 동터오게 된다. 즉 하나님은 만족스럽게 우리를 내려다보시고, 우리는 사랑으로 화답하면서 하나님을 우러러보게 된다.

이제부터 우리는 화목이 우리를 복음의 적극적인 복 속으로 어떻게 이끌어 가는지를 보다 선명하게 보게 될 것이다. 죄 사함 받은 자로서, 우리는 우리가 지은 모든 죄들이 완전히 제거된 것을 알고 있다. 의롭다 함을 받은 자로서, 우리는 우리를 고소하고 송사하던 모든 죄책에서 자유롭게 된 것을 알고 있다. 구속을 받은 자로서, 우리는 과거 죄 아래 종노릇하던 생활이 끝난 것을 알고 있다. 하지만 이제 화목된 자로서, 우리는 하나님의 호의와 사랑의 부요함 속으로 온전히 들어왔다. 화목은 더 수준 높은 삶의 질서 속으로 들어가게 해주는 복인 것이다.

옛날 찬송가는 "하나님이 나의 죄를 용서하신다는 음성을 내가 들으니, 하나님이 나와 화목하게 되었도다."라고 노래합니다. 이것은 지금까지 살펴본 내용과 조화를 이루지 못하는 것 같습니다. 그렇지 않은가요?

그렇다. 화목을 필요로 하는 것은 우리이지 하나님이 아니다. 주 예수 그리스도를 통해서 화목을 이루신 분은 하나님이시다. 이것이 사실이긴 해도, 하나님은 죄에 대한 속죄를 우선적으로 처리하셔야만 했던 사실을 간과해서는 안된다. 우리 주님이 누가복음 18장에서 두 사람을 예로 들어 말씀하신 것을 보면, 세리는 분명이 사실을 알고 있었다. 그래서 그는 "하나님이여 불쌍히 여기옵소서 나는 죄인이로소이다"(눅 18:13)라고 말했다. 죄가 하나님의 의와 거룩을 향해 거세게 도전했기에, 하나님은 먼저 죄에 대한 속죄를 처리하셔야만 했다. 그럼에도 하나님은 결코 우리를 미워하신 적이 없으셨다. 하나님의 마음은 사람에게서 멀어진 적이 없다. 그랬다면 하나님은 자기 아들을 화목제물로 보내지 않으셨을 것이다. 자기 아들을 화목제물로 삼으신 것만이 하나님의 의와 거룩성이 요구하는 바를 충족시키는데 꼭 필요한 것이었다.

화목은 우리 지은 죄들 때문에 우리가 유죄상태에 있다는 사실 보다는, 하나님 앞에서 우리의 영적 상태와 더욱 깊은 연관이 있다고 이해하는 것이 맞습니까?

분명히 그렇다. 화목을 다룰 때에는 우리의 적대감이 배경에 깔려 있다는 사실을 생각해보면 좋을 것이다. 화목을 다루고 있는 고린도후서 5장은 여기서 예외이다. 고린도후서에서 하나님에 대한 반감이 언급되고 있지는 않지만, 추측은 얼마든지 가능하다. 왜냐하면 "이전 것은 지나갔으니 보라 새 것이 되었도다."(고후 5:17)라고 말하고 있기 때문이다. 이전 것이 지나간 자리에 새로운 창조가 임했다. 현재 세상은 여전히 이전 것으로 가득하지만 새로운 창조가 시작되었다. 새로운 피조물이 된 우리는 하나님과 화목되었다. 그럼에도 우리는 "그리스도 십자가의 피"가 화목의 근거라는 사실을 잊어서는 안된다. 이는 죄가 심판을 받았고, 또 하나님을 향해 대적하고 역겹게 반응했던 우리 안에 있는 모든 것이 정죄를 받았기 때문이다. 우리의 유죄상태도 간과되어서는 안되지만, 우리가 지은 헤아릴 수 없는 죄들이 속죄된 것 보다 우리의 죄악된 상태가 심판을 받았다는 것이 더 중요하다.

   그렇다면 어째서 히브리서 2장 17절은 그리스도께서 "하나님의 일에 자비하고 신실한 대제사장이 되어 백성의 죄로 인해서 화목케 하려 하심이라(KJV 참조할 것)"고 말하는 것인가요?

단순하게 말하자면 킹제임스 성경 번역자들이 잘못된 단어를 삽입시켰기 때문이다. 다른 번역본을 보면, 백성의 죄로 인해서 화해(propitiation)시키려 하심이라고 되어 있다. 율법 아래서 대제사장 아론은 속죄소에 희생제물의 피를 뿌림으로써 백성들의 죄를 속죄했다. 주 예수님은 이러한 모형을 성취하셨으며, 그 성취의 범위는 더욱 광대하다. 구약성경에서 "속죄소(mercy-seat)"에 해당하는 말은 **속죄(atonement, 대속)**란 단어와 밀접한 관계가 있고, 반면 신약성경에서는 **화해(propitiation)**란 단어와 가깝다는 사실이 흥미롭기만 하다. 이것은 신약성경의 화해의 개념은 속죄의 개념을 내포하면서도, 그 이상의 의미를 담고 있기 때문이다. 화목(reconciliation)은 속죄와 화해의 두 가지 개념 모두와 구분해서 이해되어야 하지만, 두 개념을 함께 가지고 있는 것으로 보아야 한다.

신자는 하나님과 화목되었다는 사실을 살펴보았습니다. 그렇다면 골로새서 1장 20절에서 말하는, 만물과 화목하게 되는 것은 무엇을 말하는 것인가요?

우주적인 화목이 이루어지는 때가 오고 있다. 그 구절은 범위를 "땅에 있는 것들과 하늘에 있는 것들"로 제한하고 있다. 빌립보서 2장 10절은 "하늘에 있는 자들과 땅에 있는 자들과 땅 아래 있는 자들"이 모든 무릎을 예수의 이름에 꿇게 될 것을 말하고 있는데, 골로새서는 "땅 아래 있는 자들"은 생략시켰다. 죄로 인한 폐해는 천사들의 타락으로 인해서 하늘의 어떤 부분들에 영향을 끼쳤다. 죄가 있는 곳마다 거기엔 화목을 필요로 했다. 악이 존재하는 모든 곳이 심판을 통해서 청소되고 정결하게 될 시간이 오고 있다. 그곳엔 하나님의 맹렬한 진노가 있을 것이다. 그리고 나서 모든 것이 정결하게 되고 땅과 하늘이 모두 화목을 이룸으로써 하나님의 마음을 기쁘시게 하고, 또 모든 만물이 하나님 안에서 즐거워하게 될 것이다.

그리스도의 십자가의 피는 이미 우리를 화목의 관계 속으로 넣어주었다. 그리스도의 피는 이렇게 화목케 해주는 권세와 가치를 가지고 있다.

로마서 11장 15절은 마치 세상의 화목이 이미 이루어진 것처럼 보입니다. 실제로 이 구절은 무슨 뜻인가요?

사도 바울의 생각을 제대로 알려면 전체 본문을 읽어보아야 한다. 사도 바울은 한 민족으로서 이스라엘에 대한 하나님의 섭리를 논하면서, 하나님의 자비를 이방인에게까지 확장시키려는 목적에서 현재 그들을 잠시 제쳐놓게 된 이유를 설명하고 있다. 율법 시대 동안, 하나님은 이스라엘 민족만을 사랑하셨고, 그들에게만 하나님의 호의를 집중적으로 베푸셨다. 그래서 그들은 하나님의 얼굴 빛 가운데 있었지만, 이방 나라들은 영적인 무지와 어두움 가운데 있었다. 이방인들의 마음이 어두워진 것은 그들이 스스로 선택한 결과였다. 로마서 1장 19-23절을 읽어보라. "하나님을 알 만한 것이 그들 속에 보임이라 하나님께서 이를 그들에게 보이셨느니라 창세로부터 그의 보이지 아니하는 것들 곧 그의 영원하신 능력과 신성이 그가 만드신 만물에 분명히 보여 알려졌나니 그러므로 그들이 핑계하지 못할지니라 하나님을 알되 하나님을 영화롭게도 아니하며 감사하지도 아니하고 오히려 그 생각이 허망하여지며 미련한 마음이 어두워졌나니 스스로 지혜 있다 하나 어리석게 되어 썩어지지 아니하는 하나님의 영광을 썩어질 사람과 새와 짐승과 기어 다니는 동물 모양의 우상으로 바꾸었느니라."(롬 1:19-23) 하지만 그리스도께서 세상에 오셨고, 또 이스라엘 민족이 그리스도를 거절한 일은 그들에 대한 하나님의 섭리에 있어서 큰 변화를 가져왔다. 이스라엘은 민족적으로 하나님의 호의를 받던 자리에서 떨어졌고, 이 일은 결과적으로 "세상의 풍성함"(12절)으로, 그리고 "세상의 화목"(15절)으로 나아가게 해주었다.

여기서 "세상"은 이스라엘 민족과는 구분되는 이방 나라들로 이루어진 세계를 가리킨다. 화목은 하나님이 이스라엘 민족을 그들이 누렸던, 민족적으로 사랑을 받는 특별한 자리에서 내려오게 하고 또 이방 나라들로 하나님 앞에서 복을 받는 자리에 두신 하나님의 섭리적인 변화 이후에 이루어졌다. 이전에 이방인들은 의도적으로 하나님에게서 자신의 얼굴을 돌렸고 하나님도 그들에게서 자신의 얼굴을 돌렸다. 하지만 이제 하나님은 방향을 돌려 그들을 호의로 대하신다. 그래서 사도 바울은 "그런즉 하나님의 이 구원이 이방인에게로 보내어진 줄 알라 그들은 그것을 들으리라" (행 28:28)고 말했다. 이렇게 세대적인 특징을 띤 화목이 이루어졌고, 바울은 하나님의 구원을 이방 세계에 전하도록 선택받은 종이었다.

오늘날 우리가 누리게 된 화목은, 화목 자체 보다 더 큰 일과 연결되어 있는 것인가요?

그렇다. 우리가 화목을 얻게 될 때, 우리는 로마서 5장 11절에서 말한 대로 하나님 안에서 즐거워하게 된다. 이것은 세상이 줄 수 없는 것이다. 하나님의 자비가 복음으로 인해서 실제적으로 세상을 향하고 있긴 해도, 세상은 결코 우리에게 화목과 기쁨을 줄 수 없다. 하나님이 자신의 독생자를 주셨을 때, 하나님은 세상을 생각하시고 세상을 향한 사랑을 선물로 남기셨다. 이처럼 세대적인 특징을 띠고 있는 화목은 우리 모두에게 화목하게 하는 직분을 선사해준다(고후 5:18-19). 이것은 세대적인 특징이라기 보다는 오히려 화목 속에 내포되어 있는 필수적인 특징이다. 신자들은 실제적으로 의와 사랑 안에서 하나님 앞에 서 있다. 왜냐하면 모든 얼룩(stain)과 불화(discord)가 다 제거되었고, (하나님에 대한) 모든 두려움이 영원히 사라졌기 때문이다.

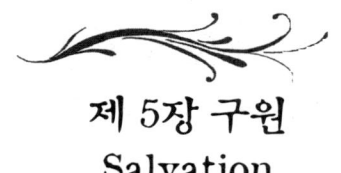

제 5장 구원
Salvation

우리는 이제 포괄적인 의미를 담고 있는 용어를 살펴볼 것이다. 이 '구원'이라는 단어는 굉장히 넓은 의미로 사용되고 있을 뿐만 아니라 칭의, 구속, 화목과 같은 여러 복음의 용어를 다 내포하고 있다. 이처럼 광대한 의미를 내포하면서 사용되는 사례를 우리는 히브리서 2장 3절에서 발견한다. 이 구절은 하나님께서 강력한 역사로 사람들 사이에 들어오셔서 친히 말씀하기 시작한 것을 "이같이 큰 **구원**"이라고 말하고 있다. 사도행전 13장 26절에서 사도 바울은 동일하게 광대한 의미를 담은 용어를 사용해서, "이 **구원**의 말씀"이라고 말하고 있다. 또한 에베소서 1장 13절은, 우리에게 이루어진 각각의 부분들의 총합을 가리키는 총체적인 구원의 역사를 하나의 단어로 압축해서 표현하고 있다. 곧 이처럼 강력한 해방의 역사를 선언하는 복음이 바로 "우리 **구원**의 복음"이다. 우리가 이 책의 제목에서 사용한 "더 큰 구원"이라는 말은 이처럼 광대한 의미를 표현하고자 한 것이다.

구원이란 말은 구약성경과 신약성경 모두에서 널리 사용되는 단어이다. 구약성경에서 구원이란 말은 거의 항상 우리 앞에 있는 **대적들**로부터의 구원을 말한다. 예를 들자면, 세례 요한의 아버지, 사가랴가 그런 의미로 구원이란 말을 사용했다. "이것은 주께서 예로부터 거룩한 선지자의 입으로 말씀하신 바와 같이 우리 원수에게서와 우리를 미워하는 모든 자의 손에서 구원하시는 구원이라."(눅 1:70,71) 사가랴는 예언의 말씀을 인용하면서 세상이 시작된 이래 거룩한 선지자들을 통해서, 이스라엘이 대적들과 자신들을 미워하는 모든 사람들의 손에서 건짐을 받게 될 것을 선언하고 있다. 신약성경 가운데 가장 앞에 나오는 마태복음은 예수님을 가리켜 "자기 백성을 그들의 죄(sins)에서 구원할 자"(마 1:21)로 소개하고 있다. 이것은 즉시 전체 문제를 더 높은 차원으로 끌어올린다.

구약성경이든 신약성경이든, 구원이란 단어가 암시하고 있는 것은 구원을 필요로 하는 사람들이 일종의 **위험 상태**에 처해있음을 전제로 하고 있다. 즉 그들이 멸망의 위험 가운데 있기 때문이다. 사실 고린도전서 1장 18절을 보면, 매우 대조적인 상황이 펼쳐져 있다. "**멸망**하는 자들에게는…**구원**을 받는 우리에게는" 그리고 고린도후서 2장 15절에서도 동일한 내용이 거의 같은 단어를 사용해서 제시되고 있다. "구원 받는 자들에게나 망하는 자들에게나" 그리고 누가복음 19장 10절, "인자가 온 것은 잃어버린 자를 찾아 구원하려 함이니라"는 구절에서 우리는 **잃어버린바 된 상태**를 볼 수 있다. 갈릴리 호수에서 광풍을 만났을 때 제자들은 "주여 구원하소서 우리가 죽겠나이다"(마 8:25)며 부르짖었다. 이것은 일시적인 구원이었고, 일시적인 위험의 상황에서 구해준 구원이었지만, 그럼에도 죽음 혹은 멸망이 일어났다면 결코 일시적인 것이 아니었을 것이다.

범죄한 사람으로서, 우리는 죄 사함을 필요로 한다. 정죄 아래 있는 사람으로서, 우리는 의롭게 될 필요(칭의)가 있다. 노예상태에 있기에, 우리는 구속을 필요로 한다. 악한 행실로 멀리 떠나 있었고 하나님과 마음으로 원수가 되었기에, 우리는 화목을 필요로 한다. 잃어버린바 되었고 또 멸망을 향해 죽어가고 있기에, 우리는 구원을 필요로 한다.

범죄한 사람이요 또한 정죄받은 사람으로 우리 자신을 생각해

볼 때, 우리의 신경은 쭈뼛 곤추 서게 되고 정신적 붕괴가 온다. 우리는 우리 자신이 하나님의 법정에 피고인으로 서있는 것을 보게 된다. 이를테면, 형법상 죄인으로 기소된 채 서있는 것이다. 이러한 생각은 우리 자신을 노예처럼 죄와 사탄에 매여 있고, 하나님과 원수 상태로 있는 자로 생각해도 마찬가지이다. 이제 죄는 한편으론 노예를 감독하는 간수처럼 나타나게 되고, 다른 한편으론 깜깜한 흑암처럼 우리를 하나님에게서 차단시켜 버린다.

이제 우리 자신을 길을 잃고 잃어버린바 된 사람으로, 현재와 미래에도 헤아릴 수 없는 위험의 위협 속에 방치되어 결과적으로 멸망의 위험 가운데 있는 사람으로 생각해보자. 우리는 이 일을 신경이 곤추 서는 정도로만 생각할 수는 없을 것이다. 우리가 무한정 잃어버린바 된 존재라면, 우리는 좀 더 생각의 폭을 넓혀야 한다. 그렇다면 하나님의 구원은 **과거, 현재 뿐만 아니라 미래에도 우리를 위협할 수 있는 모든 위험**으로부터 우리를 건져주시는 것이어야 한다.

이 단어가 가지고 있는 종합적인 의미가 있기는 하지만, 그럼에도 우리는 이 단어가 위험으로부터 건져준다는 의미를 항상 전달하고 있다는 사실을 놓쳐서는 안된다. 그리고 죄가 우리를 위협하는 모든 위험의 뿌리이기 때문에, 신약성경은 적절하게도 우리가 지은 죄들로부터의 구원으로 시작하고 있다. 이러한 구원은 단순히 죄의 형벌로부터의 구원만을 의미하지 않고, 죄의 권세로부터의 구원, 심지어 죄를 사랑하는 것으로부터의 구원을 포괄하고 있다. 복음은 우리를 죄의 권세 아래 계속해서 신음 하도록 놓아두거나, 혹은 죄가 주는 일시적인 쾌락을 계속해서 탐닉하도록 둔 채, 다만 죄의 형벌로부터만 면제시켜주는 것이 아니다. 그렇게 한다면, 그것은 결코 참된 구원일 수 없다. 왜냐하면 그러한 구원은 우리로 하여금 계속해서 죄에 거하도록 독려하는 것이기 때문이다. 그러한 것은 하나님이 가장 싫어하시는 일이다!

성경을 살펴보면 우리는 계속해서 구원은 하나님의 진노에서 면제받는 것 혹은 하나님의 진노로부터 구출되는 것을 의미하고 있음을 볼 수 있다. 복음은 "믿는 모든 자에게 구원을 주시는 하나님의 능력이다…이는 하나님의 진노가 하늘로부터 나타내[기]"(롬 1:16-18) 때문이다. 로마서 5장 9절은 우리가 "더욱 그로 말미암아 **진노하심**에서 **구원**을 받을 것"이라고 말한다. 그리고 데살로니가전서 5장 9절은 "하나님이 우리를 세우심은 우리를 **노하심**에 이르게 하심이 아니요 오직 우리 주 예수 그리스도로 말미암아 **구원**을 받게 하심이라"고 말한다. 뿐만 아니라 데살로니가후서 2장 12,13절, "진리를 믿지 않고 불의를 좋아하는 모든 자들로 하여금 심판을 받게 하려 하심이라 주께서 사랑하시는 형제들아 우리가 항상 너희에 관하여 마땅히 하나님께 감사할 것은 하나님이 처음부터 너희를 택하사 성령의 거룩하게 하심과 진리를 믿음으로 구원을 받게 하심이니"를 보면 우리는 구원이 정죄와 심판에서 벗어나는 것임을 볼 수 있다.

사실 구약성경은 구원의 주요한 목적을 장래 메시아의 오심과 관련해서 하나님의 백성 이스라엘에 대한 하나님의 **통치적** 성격의 섭리와 연결시킨다. 따라서 죄 문제는 하나님의 통치와 섭리적 차원에서 다루어진다. 이스라엘이 범죄했을 때, 하나님은 자신의 통치적 차원에서 그들을 괴롭힐 대적들을 일으키셨고, 그들이 회개하면 하나님은 그들로부터 구원해주셨다. 신약성경은 죄의 **영원한 형벌의 관점**에서 모든 영혼들이 하늘로부터 오는 하나님의 진노하심과 하나님의 심판 아래 있음을 천명하고 있다. 그러한 진노로부터 우리는 구원을 받았다.

구원을 과거에 일어난 일, 이미 완성된 일로 말하고 있기에 신자는 확신 있게 "구원받은 우리"(롬 8:24, 고전 1:18)라고 말할 수 있다. 주 예수님은 장차 올 진노에서 우리를 건지시는 분이시기에, 오늘이나 혹은 장차 진노가 실제로 임하는 날이나 동일하게 절대적으로 안전하다. 우리가 구원받았다고 말할 때, 강조점은 우리가 전에는 다양한 구덩이와 더러움에 빠져있었지만 지금은 거기서 건짐을 받아 안전한 장소에 있다는 사실에 있다. 그래서 성경은 "우리도 전에는 어리석은 자요 순종치 아니한 자요 속은 자요 각색 정욕과 행락에 종 노릇 한 자요 악독과 투기로 지낸 자요 가증

스러운 자요 피차 미워한 자이었으나…우리를 **구원하시되(saved)** 우리의 행한 바 의로운 행위로 말미암지 아니하고 오직 그의 긍휼하심을 좇아 중생의 씻음과 성령의 새롭게 하심으로 하셨[다]"(딛 3:3,5)고 말한다.

하나님이 우리를 **구원하셨다(hath saved)**고 말할 수 있지만(딤후 1:9), 그럼에도 여전히 우리는 유혹으로 가득한 세상에 살고 있으며, 우리 속에는 기만적인 육신이 있고, 또한 우리 밖에는 영악한 사탄이 있다. 따라서 우리는 날마다 구원을 필요로 한다. 실제적으로 계속 진행되는 과정 속에서의 구원이다. 성경은 분명 이러한 현재적인 구원을 말하고 있다. 주 예수님은 하늘에 있는 대제사장으로서 중보의 사역으로 우리를 섬기고 계신다. "그러므로 자기를 힘입어 하나님께 나아가는 자들을 온전히 구원하실 수 있으니 이는 그가 항상 살아서 저희를 위하여 간구하심이니라." (히 7:25)

현재적 구원은 신자인 우리에게 꼭 필요한 것이다. 이것은 물론 그리스도의 죽음에 터 잡고 있지만, 그리스도께서 지극히 높은 곳에서 우리를 위해 살아계시기 때문에, 우리를 위한 그리스도의 제사장적인 사역에 의해서 우리에게 실제적인 효력을 미치고 있다. 우리는 "더욱 그의 살으심을 인하여 구원을" (롬 5:10) 얻은 사람들이다. 게다가 그리스도는 영원히 살아 계시기 때문에, 우리를 최종적으로 구원하실 수 있다. 우리는 완전한 구원을 받았으며, 또한 최종적으로 구원을 받을 것이다. 이 말은 최종적으로 대적이 사라지는 순간에, 더 이상 구원이 필요 없는 상태로 들어가게 될 것을 의미한다.

이러한 실제적인 구원, 날마다 구원을 누리려면, 하나님의 말씀에 미리 준비되어 있는 교훈을 받아야 한다. 성경은 능히 "그리스도 예수 안에 있는 믿음으로 말미암아 구원에 이르는 지혜가 있게"(딤후 3:15) 해준다. 그 다음 구절을 보면, 성경은 교리를 통해서 교훈을 줄 뿐만 아니라 "책망과 바르게 함과 의로 교육하기에 유익"(딤후 3:16)하다. 이것은 바울이 이 서신을 쓸 당시 마음에 있었던 구원이 무엇인지를 보여주며, 성경이 우리가 누릴 매일의 구원에서 차지하는 중차대한 역할을 강조해준다.

바울이 디모데에게 이렇게 말할 때, 그는 구약성경을 염두에 두면서 "네가 어려서부터 성경을 알았나니"(딤후 3:15)라고 했다. 구약성경은 우리에게도 유익한 경고의 말씀들이 많이 있다. 만일 우리가 그러한 말씀들을 경각심을 가지고 받아들인다면, 우리는 수천가지의 올무와 위험에서 구원받을 것이다. 바울이 구약성경을 신약성경만큼 강조했다는 사실을 굳이 더할 필요는 없을 것 같다. 사실 우리도 어려서부터 구약성경을 알았기에 많은 유익을 얻을 수 있었다.

이처럼 매일의 구원과 현재적 구원이 그리스도의 대제사장적 중보사역, 그리고 하나님의 말씀을 가지고 있을 뿐만 아니라 성령님을 소유한 결과로 우리의 것이라는 말로 이 주제를 요약할 수 있을 것이다. 이로써 우리는 성경을 이해할 수 있을 뿐만 아니라, 성경의 교훈과 경계의 말씀을 받아들일 수 있다.

구원을 미래적인 것으로 말하고 있는 성경구절들도 많이 있다. 구원은 우리의 소망이며, 또한 투구로 써야 하는 것이다(살전 5:8). 우리 구원의 소망은 그리스도의 재림의 순간에 실현될 것이다. 그리스도께서 심판장으로 오시는 것은 분명 사실이지만, 우리는 심판하러 오시는 그리스도를 소망하며 기다리지 않는다. 우리를 위해서 성경은 "오직 우리의 시민권은 하늘에 있는지라 거기로서 **구원하는 자** 곧 주 예수 그리스도를 기다리노니 그가 만물을 자기에게 복종케 하실 수 있는 자의 역사로 우리의 낮은 몸을 자기 영광의 몸의 형체와 같이 변케 하시리라"(빌 3:20,21)고 기록하고 있다. 그렇다면 우리는 "**구원**에 이르게 하기 위하여 죄와 상관없이 자기를 바라는 자들에게 두 번째 나타나[실]"(히 9:28) 그리스도를 소망하면서 이 세상을 살고 있는 것이다.

이러한 미래적인 구원은 우리를 위하여 주 예수님께서 마지막으로 행하게 될 구원의 행위를 통해서 우리에게 베푸실 지극한 긍휼에 기초하고 있다. 이 사건은 하나님의 공의로운 진노의 폭풍이

이 세상을 엄습할 때, 죽은 성도들을 다시 살리고 또 살아있는 성도들을 공중으로 끌어올리는 역사를 포함한다. 그렇다면 우리 신자는, 죽은 자와 살아 있는 자 모두는 주님과 같이 영광스러운 몸을 받을 것이며, 영원토록 그리스도와 함께 하게 될 것이다. 이것이 최종적인 구원이다. 우리 자신과 관련해서 구원은 이때에야 비로소 절대적으로 완성되는 것이다.

바울은 빌립보서에서 "두렵고 떨림으로 너희 구원을 이루라"고 말했습니다. 그렇다면 우리가 지금까지 살펴본 내용과 이 명령을 어떻게 조화시킬 수 있습니까?

앞에 있는 긴 내용이 주어진 후 마지막으로 이러한 명령에 이른 것이다. 만일 우리가 문맥을 정확히 살피려면, 빌립보서 1장 27절로 돌아가야 한다. 빌립보 신자들은 안으로는 다툼 가운데, 밖으로는 대적들로부터 위협을 당했다. 빌립보서 1장의 끝부분은 대적하는 자들과의 싸움을 다룬다. 빌립보서 2장의 앞부분은 내적인 다툼을 다룬다. 전자는 쉽게 해결되었다. 후자를 해결하기 위해서는 그리스도의 비길 데 없이 훌륭한 본이 제시되었다. 그 당시 사도 바울은 자신이 더 이상 그들에게 도움이 되지 못하는 상황에 있었다. 그는 로마 감옥에 수감되어 있었기 때문이다.

이러한 상황 아래, 빌립보교회 성도들은 그들의 영적인 패기를 보여야 했으며, 위협적인 상황으로부터 그들의 구원을 이루어야 했다. 자신들의 자원을 의지해서는 아니 되었다. 왜냐하면 "너희 안에서 행하시는 이는 하나님이시니 자기의 기쁘신 뜻을 위하여 너희로 소원을 두고 행하게 하시[기]"(빌 2:13) 때문이다. 만일 다음 세 개의 구절이 그들 속에 가득하다면, 그들은 그들의 구원을 이룰 수 있을 것이다.

현재적이고 매일의 구원이 이 구절의 주제이다. 우리의 역할이 여기서 강조되고 있다. 하나님의 역할이 우선적으로 와야 했다. 즉 그리스도의 제사장직, 성령을 통하여 우리 속에서 일어나는 하나님의 역사, 그리고 하나님 말씀의 교훈을 통한 교정 등. 하지만 인간의 역할이 그에 못지않게 중요하다. 우리는 부지런히 하나님이 제공하시는 은혜를 입어야 한다.

> 오순절 베드로는 각성된 영혼들에게 "너희가 이 패역한 세대에서 구원을 받으라"(행 2:40)고 강권했습니다. 그리고 베드로의 말을 받은 사람들은 세례(침례)를 받았습니다. 베드로전서에서 베드로는 다시 세례(침례)가 우리를 구원하는 양 말하고 있습니다. 세례(침례)가 구원에 미치는 영향은 무엇인가요?

베드로가 말한 것은 "이 패역한 세대에서" 구원을 받는 것이다. 다른 번역본을 보면, "삐뚤어진 이 세대에서 자신을 구원하라."고 되어 있다. 그렇다면 세례(침례)는 한 마디로, 이 세대로부터 분리되는 것이다. 세례(침례)는 외적인 예식이지만, 나름 의미가 있다. 즉 그리스도의 죽으심과 부활에 기초해서, "우리는 그의 죽으심과 합하여 세례"를 받았으며(롬 6:3), 따라서 "그리스도와 함께 장사한 바"(골 2:12) 되었다. 죽음과 장사되는 것만큼, 이 세상에 속한 일들로부터 분리되고, 또 이 세상과 우리가 끊어진 것을 효과적으로 보여주는 것은 없다.

베드로가 자신의 설교와 서신에서 표현하고자 했던 핵심은 세례(침례)가 회개하고 믿은 유대인과 회개치 않고 믿지 않은 대부분 유대 민족 사이의 연결 고리를 끊어준다는데 있었다. 바로 이 점이 사도행전 2장에 표면적으로 잘 나타나 있으며, 베드로전서 3장 20-21절, "그들은 전에 노아의 날 방주 예비할 동안 하나님이 오래 참고 기다리실 때에 순종치 아니하던 자들이라 방주에서 물로 말미암아 구원을 얻은 자가 몇 명뿐이니 겨우 여덟 명이라 물은 예수 그리스도의 부활하심으로 말미암아 이제 너희를 구원하는 표니 곧 세례라 육체의 더러운 것을 제하여 버림이 아니요 오직 선한 양심이 하나님을 향하여 찾아가는 것이라"에도 나타나 있다. 베드로전서는 사실상 믿는 유대인들에게 보내진 서신이다. 베드로는 그들에게 세례(침례)는 믿는 노아와 그의 가족이 경건치 않은 세상 사이의 연결을 끊어버리는 홍수의 물에 대한 모형이자 예표라고 말하고 있다. 노아와 그의 가족은 경건치 않은 세상에 파멸과 죽음을 가지고 온 물에 "의해서" 혹은 물로 "말미암아서"

구원을 받았다. 베드로가 편지를 쓰고 있는 사람들은 세례(침례)를 통해서 경건치 않은 대다수 유대 민족에게서 분리되어 구원을 받았다. 세례(침례)를 받은 사람들은 경건치 않은 자기 민족 사람들로부터 많은 고난을 당했지만, 장차 그들이 처하게 될 불행한 운명, 즉 이 세상을 사는 동안 임하게 될 예루살렘의 멸망이든지 혹은 장차 세상에 임하게 될 심판을 통한 멸망이든지, 그들의 운명으로부터 구원을 받은 것이다.

거대한 배가 침몰할 때, 밧줄에 묶어놓은 작은 구조선을 띄우고, 거기에 들어가는 것만으로는 충분하지 않다. 밧줄을 끊어내지 않는다면, 구원받을 길이 없다. 그런 의미에서 세례(침례)는 밧줄을 끊어냄으로써 구원을 받는 길이다.

"끝까지 견디는 자는 구원을 얻으리라."(마 24:13) 이 구절은 우리가 끝까지 견뎌야 구원을 받을 수 있다고 말하고 있는데, 과거지사처럼 구원받았다고 말하는 것은 너무 섣부른 것이 아닌가요?

진정 우리 주님이 하신 이 말씀이 죄인들이 영혼의 구원을 받는 방법으로 말한 것이라면, 그럴 것이다. 하지만 마태복음 24장과 마가복음 13장에 기록된 장래 예언의 말씀 가운데 하신 이 말씀은 결코 영혼 구원의 방법을 말하고 있지 않다. 주님은 죄인들에게 이 말씀을 하고 있는 것이 아니라, 이미 주님과의 친밀한 관계 속으로 들어온 사람들, 제자들에게 하고 있다. 그 당시 제자들은 이스라엘 민족 가운데 선택받은 남은 자들의 대표였으며, 그처럼 장래 남은 자들이 종말의 때에 나타날 것이다.

여기 구절에서 말하고 있는 "끝"은 개인의 삶의 끝이 아니라, 핍박과 시련과 슬픔의 시기의 끝을 말하고 있다. 그리고 그 끝에 그리스도의 지상 재림이 있을 것이다. 견디는 것은 이러한 성도들이 보일 최고의 미덕이 될 것이다. 그들의 구원은 그리스도께서 영광 중에 나타나실 때 확실하게 이루어질 것이다.

그것이 이 성경구절이 가지고 있는 의미이다. 하지만 이 구절을 우리 자신에게 적용해볼지라도 상당한 유익이 있다. 그럴지라도 이 구절을 자신이 죽을 때까지 어느 누구도 구원을 확신할 수 없다고 가르치는 것으로 이해하는 것은 전적으로 이 구절의 의미를 오해하는 것이다.

로마서 10장 10절은 구원을 입으로 시인하는 것과 직접적인 관계가 있는 것으로 말하는 걸까요?

왜냐하면 구원이란 말은 그처럼 광의의 개념을 담고 있기 때문이다. 다른 무엇보다 세상에서 건짐을 받는다는 의미를 포함하고 있다. 우리는 그리스도를 죽은 자들 가운데서 다시 살아나신 분으로 우리 마음에 믿고 있다. 이렇게 믿는 것은 하나님 앞에서 의롭게 된 우리의 칭의를 의미한다. 이 두 가지, 믿음과 칭의는 사람들의 눈에 보이는 것이 아니다. 하지만 우리의 구원은 사람들의 눈에 드러나게끔 되어 있다. 구원은 단순히 법적인 문제가 아니라, 너무도 실제적인 것이기 때문이다. 우리는 진정 세상의 권세와 육신과 마귀로부터 구원을 받았다. 그러한 구원에 이르는 첫 번째 단계는 그리스도를 주로 고백하는 것으로 시작되어야 하며, 입술로 시인하는 것으로 나타나야 한다. 따라서 세상 사람들이 우리의 신앙고백을 듣게 된다. 마음으로만 그리스도를 고요히 고백하고, 또 생각만으로 신앙을 가진 사람은 공개적으로 신앙을 고백하려고 하지 않을 것이다.

이 구절에서 마음으로 믿어 의에 이르는 것과 입술로 고백하여 구원에 이르는 것 사이를 구분해놓은 것은 참으로 충격적이다. 이것은 구원이 가진 특별한 힘을 보여준다.

이미 하나님을 경외하는 사람이었던 고넬료는 어째서 베드로를 초청해야 했으며, 그는 왜 베드로를 통해서 "너와 네 온 집의 구원 얻을 말씀"을 들어야 했을까요?

그 일은 반드시 필요했다. 베드로가 부활하신 그리스도에 대한 복음 메시지를 가지고 갈 때까지 고넬료는 그 마음에 하나님이 그리스도를 죽은 자 가운데서 살리신 것을 듣지도 못했고 따라서 믿지도 못했다. 혹 고넬료가 그리스도를 주님으로 생각했을지라도,

그것은 틀림없이 이스라엘 자녀들의 주님으로서 믿는 믿음이었을 것이다. 베드로는 고넬료의 집에 가서 "만유의 주, 모든 사람의 주가 되신 예수 그리스도"(행 10:36)를 전파했다.

고넬료는 이미 우상을 숭배하던 데서 하나님을 경외하는 신앙으로 돌이킨 상태였다. 하지만 그가 부활하신 그리스도를 주로 믿고 고백한 후에야 구원이 임할 수 있었다.

구원은 회심한 이후에 들어가는 그리스도인이 누리는 더 높은 수준의 복이 아닌가요? 그래서 사람이 죄 사함을 받았지만 아직 구원받지 못한 상태에 있을 수 있는 것으로 알고 있습니다.

고넬료의 사례에서 유추해낸 그런 생각은 정당성을 보증하기가 어렵다. 고넬료가 비록 하나님을 경외하고 하나님을 믿는 신앙이 있었으며, 심지어 그리스도의 공생애 기간 동안 행하신 사역에 대한 사실들을 알았다 해도, 그가 부활하신 그리스도에 대한 기쁜 소식을 듣고 믿을 뿐만 아니라 그리스도의 이름으로 죄 사함을 받기 전까지는 구원받지 않았다는 사실이 주는 교훈을 놓쳐서는 안 된다. 고넬료는 자신이 살던 옛 세상 체제에서 나와 하나님께로 나아옴으로써 구원을 받았다.

지금까지 살펴본 모든 것은 우리가 어디에서 구원을 받았는가와 연관이 있는 것 같습니다. 그렇다면 우리는 어디로 구원을 받은 것인가요?

우리는 그리스도 안에 있는 모든 신령한 복으로 구원을 받았다. 우리가 만일 성경의 어법을 충실하게 따른다면, 구원은 항상은 아닐지라도, 거의 대부분 우리가 어디로부터 구원을 받았는가와 연결되어 있다. 그렇다면 우리가 구원을 통해서 어디로 들어왔는가와 연관해서 사용된 단어는 **부르심**이다. 하나님은 우리를 구원하사 "거룩하신 부르심"으로 부르셨다(딤후 1:9).

이스라엘이 애굽에서 구원을 받은 것은 하나님이 그들을 불러 내신 땅에서 행복을 누리게 하기 위한 것이었다(신 10:13, 33:29). 우리는 세상, 육신, 마귀, 그리고 장차 올 하나님의 진노에서 구원을 받았으며, 이는 아들의 신분으로 부르신 하나님의 부르심과 그리스도의 영광에 참여하는 행복을 누리게 하기 위한 것이었다. 그리스도 안에서 우리의 소유가 된 구원은 이처럼 강력하고 경이로운 것이다. 이로써 우리는 우리의 부르심을 기뻐하는 자유를 누리게 되었다. 하나님의 주권적인 목적에 따라 부르심을 받은 우리에게 주어진 신령한 복들은 여전히 경이롭기만 하다.

제 6장 성화
Sanctification

구약 성경 뿐만 아니라 신약 성경에서도 성화에 대한 많은 교훈들이 있다. 어디서 보든지, 그 단어는 "분리" 또는 "따로 떼어놓다"라는 근본적인 의미를 가지고 있다. 구약 성경에서 성화라는 단어는 사람 뿐만 아니라 물건에도 자유롭게 사용되고 있다. 신약 성경에서는, 절대적인 것은 아니지만 주로 사람에게만 사용되고 있다. 신자들에게 적용될 때, 성화는 이중적인 중요한 의미를 가지게 되는데, 1차적인 의미와 2차적인 의미가 있다. 혼동을 느끼는 대부분의 사람들은 두 번째 의미를 첫 번째 의미로 대치하는 성향이 있다. 그렇다면 이처럼 중요한 주제에 대해서 그들이 어려움을 느끼는 것은 당연하다.

신자의 성화는 많은 사람들에게, 어쩌면 대부분의 사람들에게, 자신들이 하나님을 기쁘시게 해드리고 좀 더 거룩하게 되는 일종의 과정이다. 하지만 성화의 첫 번째 의미는 하나님의 역사로 신자를 단번에 하나님을 위해 성별시키는 것이다. 이 하나님의 역사의 결과로, 신자는 거룩성에 있어서 성장이 필요해지게 된다.

따라서 이 단어의 어원은, 우리가 구약 성경을 살펴보거나 신약 성경을 살펴보거나 하나님을 위해서 따로 떼어 놓는다는 의미가 있다. 성화된 사람 혹은 성화된 물건이란 평범한 용도에서 따로 구분되어 하나님의 소유가 되고, 또 하나님의 목적과 기쁨을 위해서 특별히 사용되도록 따로 떼어 놓은 것이다. 성화에 상반되는 개념은 **세속성**이다. 아론 시대의 제사장은 "자신을 더럽혀 속되게"(레 21:4) 해서는 아니 되었다. 장차 오는 천년왕국 시대의 제사장들은 "내 백성에게 거룩한 것과 속된 것의 구별을 가르치며 부정한 것과 정한 것을 분별해[도록]"(겔 44:23) 해야 한다. 여기서 사용된 단어는 "보통의 혹은 더럽혀진"을 의미하며, 이것은 어떤 물건을 보통의 용도에 맞게 사용될 때 더럽혀지는 것을 의미한다. 이 단어는 보통 일상생활과 연결되어 있음을 쉽게 볼 수 있다. 흙한 무더기를 정부 청사를 짓는데 사용하도록 공적인 장소에 두면 그것은 공적 자산이 되며, 즉시 보호를 받게 된다. 하지만 그 자체로 두면 그저 쓰레기 더미 그 이상도 그 이하도 아닌 것이 될 것이다.

성화란 단어가 가진 우선적인 의미를 통해서 볼 때, 모든 신자는 하나님을 위해서 **따로 구별되었다**. 이것은 성화가 가진 절대적인 특징이다. 우리는 이것을 신분적인 혹은 **위치적인** 성화(positional sanctification)라고 부른다.

두 번째 의미를 통해서 볼 때, 모든 신자는 하나님을 위해서 **따로 구별된 삶을 살아야 한다**. 이것은 위치적인 성화가 아니라 **점진적인** 성화를 가리킨다.

위치적인 성화는 **객관적인 사실**을, 점진적인 성화는 **주관적인 경험**을 의미한다. 주관적인 경험은 반드시 객관적인 사실에 기초해야 하며, 객관적인 사실에서 자연스럽게 흘러 나와야 한다. 만일 우리가 많은 사람들이 그러는 것처럼, 객관적인 사실에서 이탈하여 주관적인 경험만을 추구하게 되면, 예상치 못한 결과를 맞이하게 될 것이며, 우리 마음과 영성은 왜곡될 수 밖에 없다.

만일 독자 가운데 누구라도 이 단어의 첫 번째 의미에 대해서 의구심이 든다면, 다음 세 가지 사실을 생각해보자.

(1) 무생물 - 제단, 물두멍, 그릇들이 율법 아래서 거룩하게 되었다. 거기엔 주관적인 변화도 없었고, 거룩성의 증가도 없었다. 다만 그것들은 구별된 **장소(position)**에 놓였고, 하나님을 섬기는 일에 전적으로 드려졌다.

(2) 주님 자신도 "거룩하게 하사 세상에 보내[심을 받은]"(요 10:36) 분이셨고, 세상을 떠나시면서 "내가 나를 거룩하게 하오니"(요 17:19)라고 말씀하셨다. 이 경우에도 주님 속에서 무슨 주관적인 변화가 있을 수 없었다. 점진적인 성화의 차원에서 점진적으로 거룩하게 된 것이 아니었다. 주님은 항상 최고 최상의 수준에서, 그리고 신성하고도 절대적인 차원에서 거룩하셨다. 그럼에도 주님은 아버지에 의해서 따로 구별되심으로써 계시자와 구속주로서 세상에 보내심을 받을 수 있었다. 게다가 이 세상을 떠나 아버지의 영광의 세계로 들어가실 때에도, 주님 자신을 따로 구별하여 새로운 **지위(position)**에 들어가심으로써 그것을 자신을 따르는 자들을 성화시키는 일종의 규범과 능력으로 정하셨다.

(3) 우리는 "너희 마음에 그리스도를 주로 삼아 거룩하게 하[라.]"(벧전 3:15)는 명령을 받았다. 여기서 "거룩하게 하라(sanctify)"는 유일한 의미는 위치적으로 따로 구별되는 것이다. 우리는 우리 마음에서 다른 모든 것보다 최우선적으로 주님을 위한 **자리(position)**를 따로 구분해서 드려야 한다. 주님은 그 어떠한

경쟁자가 없는 정도까지 높임을 받으셔야만 하기 때문이다.

이제 우리는 하나님의 역사로 말미암아 우리의 소유가 된, 이처럼 절대적인 성화, 위치적인 성화로 시작해야 한다. 그렇지 않으면, 실제적인 성화의 과정은 시작도 되지 않을 뿐만 아니라 큰 어려움에 빠지게 된다. 실제적이고 점진적인 성화는 절대적이고 위치적인 성화를 토대로 진행될 때에만 우리의 경험 속으로 들어오게 된다. 우리가 기대하는 실제적인 성화는 이미 주어진 위치적인 성화를 기초로 할 때만 경험되어 지기 때문이다.

성경에서 성화(sanctification)를 최초로 언급하고 있는 곳은 창세기 2장 3절로 창조와 연결되어 있으며, 하나님은 그 일곱째 날을 거룩하게 하심으로써(sanctified) 그 날에 안식하셨다. 두 번째 언급은 구속과 연결되어 있으며, 하나님이 이스라엘을 애굽에서 나오게 하셨을 때이다. 여기서 중요한 것은 거룩하게 구별하신 것이 사람이라는데 있다. "이스라엘 자손 중에서 사람이나 짐승을 막론하고 태에서 처음 난 모든 것은 다 거룩히 구별하여 내게 돌리라 이는 내 것이니라." (출 13:2) 피로써 구속함을 받은 사람들은 하나님을 위해서 위치적으로 구별되었다. 왜냐하면 그렇게 구별된 사람은 매우 특별한 삶을 살도록 부르심을 받았기 때문이다. 즉 그들은 레위인이 되었고, 이후에 백성을 대신해서 하나님을 섬기게 되었다(민 3:45, 8:5-19을 보라.)

출애굽기가 우리에게 제공하고 있는 모형은 매우 의미심장하다. 출애굽기 12장에서 이스라엘의 자손들은 어린양의 피로써 심판을 피할 수 있었는데, 이것은 복음을 통해서 우리에게 임하게 된 죄 사함과 의롭다 함을 받는 칭의의 그림자였다. 출애굽기 15장에서 그들은 바로의 권세를 깨뜨리고 애굽에서 나오게 되었는데, 이것은 구원의 예표였다. 두 개의 장을 함께 모을 때 구속의 그림이 완성된다. 하지만 출애굽기 13장에서 우리는 성화의 그림을 보게 된다. 피로써 의롭게 된 백성들은 하나님을 위해서 구별되었다. 왜냐하면 하나님이 그들을 자신의 소유물로 주장하시기 때문이다. 하나님이 소유권을 주장하는 일에 대적할 자는 아무도 없다. 하나님은 바로의 소유권 주장에 대항해서 자신의 소유권 주장을 관철시키셨다. 하나님은 애굽의 권세를 깨뜨리셨고, 자신의 백성들을 건져내셨으며, 자신에게로 이끄셨다. 이스라엘의 역사를 보면, 그들은 이 사실 때문에 하나님의 다스리는 손 아래 있었던 것을 볼 수 있다.

이 모든 일을 통해서 하나님은 자신이 어느 한 백성을 축복하고자 하실 때, 그들이 세속적인 삶을 살아가게 함으로써 세상에 오염되도록 하는 대신에, 그들을 자신에게로 따로 구별시키신다는 사실을 명백하게 보여주셨다. 그래서 이스라엘은 하나님에게로 거룩하게 구별된 것이다.

과연 사람은 얼마나 철저하게 죄로 인해서 오염되었을까? 사람은 그의 총체적인 본성으로 하나님의 마음과 하나님의 뜻을 거역하면서 모든 다양한 악의 모습으로 방자하게 행했다. 만일 은혜가 사람을 정복한다면, 그 일의 시작부터 하나님을 위해서 그를 따로 구별시키는 역사로 시작하는 것을 보게 된다.

그렇다면 우리는 우리가 이미 거룩하게 되어 구별되었다는 위대한 사실을 굳게 붙드는 것으로 시작해야 한다. 성경은 이 사실을 매우 분명하고도 명확하게 밝히고 있으며, 어쩌면 매우 충격적일 수 있지만, 바로 이 사실을 고린도교회를 통해서 설명하고 있는 것이다. 사도 시대의 그리스도인들에 대해서, 우리는 그들이 최소한 실제적인 측면에서 성화된 삶을 살았을 것으로 생각하고 있다. 하지만 사실 그들의 행실은 공개적인 책망을 받았고, 사도 바울에 의해서 매우 분명한 말로 추궁을 받아야만 했다. 그럼에도 사도 바울은 그들을 "그리스도 예수 안에서 거룩하여지고 성도라 부르심을 받은 자들"(고전 1:2)이라고 불렀다. 그리고 나중에 이방 세상을 가득 채우고 있는 많은 더러운 것들을 언급한 후에, 바울은 "너희 중에 이와 같은 자들이 있더니…씻음과 거룩함과 의롭다 하심을 받았느니라"(고전 6:11)고 말했다.

이보다 더 분명한 것은 없다. 우리는 정해진 어떤 실제적인 거룩의 기준에 도달함으로써 하나님의 성별된 백성이 되는 것이 아니다. 우리는 이미 하나님의 성별된 백성이며, 그 사실 때문에 거룩 혹은 실제적인 성화가 우리에게 의무로 부여되었다. 성별된 사람이 되는 것과 실제적으로 거룩한 사람이 되는 것은 모두 하나님의 방법이지만, 성별된 사람이 되는 것은 율법의 원리를 따른 것이며, 실제적으로 거룩한 사람이 되는 것은 은혜의 원리를 따른 것이다.

이 절대적인 성화는 이중적인 방식으로 우리에게 임한다. 첫 번째 방식은, 그리스도의 사역에 의해서 되는 것이다. "이 뜻을 따라 예수 그리스도의 몸을 단번에 드리심으로 말미암아 우리가 거룩함을 얻었노라."(히 10:10) "그러므로 예수도 자기 피로써 백성을 거룩하게 하려고 성문 밖에서 고난을 받으셨느니라."(히 13:12) 그리스도를 믿는 우리는 그리스도께서 자신을 드리신 가치를 덧입으며, 이로써 의롭게 될 뿐만 아니라 하나님을 위해서 거룩하게 성별되는 것이다.

두 번째 방식은, 성령의 사역에 의해서 되는 것이다. 데살로니가인들에게 사도 바울은 두 번째 서신을 쓰면서, "하나님이 처음부터 너희를 택하사 성령의 거룩하게 하심과 진리를 믿음으로 구원을 받게 하셨다"(살후 2:13)고 말했다. 베드로도 첫 번째 서신에서 "하나님 아버지의 미리 아심을 따라 성령이 거룩하게 하심으로…택하심을 받은 자들에게"(벧전 1:2) 편지를 썼다. 요한복음 3장 6절 "영으로 난 것은 영"이라는 구절을 볼 때, 우리 마음에서 거듭남을 일으키는 성령의 역사들이 있다. 게다가 믿음으로 복음을 받아들일 때, 성령님이 신자 속에 내주하시고, 구속의 날까지 신자를 인치시는 역사도 있다. 그러한 성령의 인침을 통해서 신자는 하나님께 속한 자로서 구별되며, 하나님을 위해서 따로 구별된 사람으로서 거룩하게 된다.

고린도인들에게 바울은 "예수는 하나님으로부터 나와서 우리에게 … 거룩함…이 되셨으니"(고전 1:30)라고 말했다. 그리스도의 피가 우리를 위해서 흘려졌기 때문에 우리는 그리스도 안에서 성별되었을 뿐만 아니라 그리스도의 사역의 결과로 성령을 받았다. 고린도인들 뿐만 아니라 우리도 "주 예수 그리스도의 이름과 우리 하나님의 성령 안에서 …거룩함…을 받았다.]"(고전 6:11)

이처럼 절대적인 의미에서 우리가 이미 거룩해졌다는 사실을 붙잡게 되면 실제적인 성화에 대한 책임을 대면할 준비가 된 것이다. 실제적인 성화는 이 사실, 즉 우리가 이미 거룩해졌다는 사실에 토대를 두고 있기 때문이다. 요한복음 17장에서 주님이 자기 사람들을 위해서 기도하신 내용 가운데에는 "그들을 진리로 거룩하게 하옵소서 아버지의 말씀은 진리니이다" 라는 구절이 있다. 그렇다면 우리는 여기서 하나님의 말씀에 집중해야 하는 중요성을 보게 된다. 왜냐하면 우리가 하나님의 말씀을 실제적으로 알면 알수록, 거룩하게 하는 능력이 우리 삶 속에 더욱 나타날 것이기 때문이다.

사도 바울이 데살로니가 교회를 향해서 "하나님의 뜻은 이것이니 너희의 거룩함이라"(살전 4:3)고 쓴 것은, 거룩이 그리스도인들에게 무슨 선택사항이 아닐뿐더러, 마음 내키면 추구하고 내키지 않으면 그만 두는 것이 아님을 보여주기 위한 것이었다. 게다가 하나님 자신이 성도들을 위해서 거룩을 이루시는 분이며, 거룩은 성도들이 힘을 다해 이루어내야 하는 총력적인 것이다. 왜냐하면 사도 바울은 그들을 위해서 지속적으로 "평강의 하나님이 친히 너희를 온전히 거룩하게"(살전 5:23) 해달라는 기도를 했기 때문이다. 우리와 관계된 모든 것은 평강의 하나님의 거룩하게 하시는 손길 아래에 머물러야 한다.

반면, 거룩에는 우리 쪽에서 힘쓸 측면도 있다. 우리가 진보를 이룬 만큼 거룩의 정도는 다양할 수 있다. 우리는 어떤 것들, 이를테면 "망령되고 헛된 말을 버려야 하며"(딤후 2:16), "불의에서 떠나야 하며"(딤후 2:19), (다른 사람의 믿음을 무너뜨리는 오류적인 가르침을 분별함으로써) "자기를 깨끗하게 함으로써 귀히 쓰는 그릇이 되어 거룩하고 주인의 쓰심에 합당하며 모든 선한 일에 준비함이"(딤후 2:21) 되어야 한다.

이 모든 일들을 통해서 실제적인 성화는 점진적으로 이루어진다. 사실 이것은 주님이 자신의 교회에서 진행하고 계신 위대한 사역이다. 주님은 교회를 "물로 씻어 말씀으로 깨끗하게 하사 거룩하게 하시[는]"(엡 5:26) 일을 하신다. 거룩하게 하고 깨끗하게 하는 일은 교회를 이루고 있는 개인들의 삶 속에서 날마다 일어나고 있다.

성경은 계속해서 반복적으로 우리로 거룩에 이르도록 교훈하고 있습니다. 이것과 우리가 지금까지 살펴본 성화의 내용과 차이점은 무엇입니까?

실제적인 차이는 없다. 같은 헬라어 단어가 영어에서는 1) 성화(sanctification)와 2) 거룩(holiness)으로 번역되었다. 1)의 단어는 위치적이고 절대적인 성화를, 2)의 단어는 실제적이고 점진적인 성화를 의미한다. 예를 들어, "그러므로 함께 하늘의 부르심을 받은 거룩한 형제들아"(히 3:1)라는 구절을 읽었을 때, 우리는 이것을 그들이 실제적인 거룩에서 진보를 나타낸 것으로 이해해서는 안된다. 다만 그들은 하늘의 부르심에 참여함으로써 하나님을 위해서 따로 구별된 백성일 뿐이었다. 히브리서 5장 11-14절에 보면 그들은 영적 성숙과 영적 진보와는 거리가 멀었음을 알게 되고, 그들이 "모든 사람과 더불어 화평함과 거룩함을 따르라"(히 12:14)는 권면을 받았던 것도 동일한 사실을 알려준다. **거룩한** 형제들은 **거룩을 추구하는** 사람들이다. 베드로전서에서 우리는 동일한 진실을 볼 수 있다. 베드로는 "너희는 … 거룩한 나라요"(벧전 2:9)라고 말한 사람들을 향해 "모든 행실에 거룩한 자가 되라" (벧전 1:15)고 말했다.

우리는 **이미 거룩해졌기 때문에 거룩해야 한다**. 거룩은 실제적인 우리 삶의 특징으로 나타나야 하며, 그것은 하나님의 부르심을 통해서 이미 우리의 소유가 된 거룩에 의해서 이루어져야 한다.

그리스도 안에 있는 신자들은 종종 신약성경에서 "성도"로 불리고 있습니다. 이것은 성경에서 그저 신자를 통칭하는 일반적인 용어입니까?

절대 그렇지 않다. 성도는 분명 거룩한 사람을 의미하는 말이다. 로마 가톨릭교회는 여전히 어느 정도 거룩의 수준에 이른 사람들만을 성인(성도)로 추대한다. 만일 우리가 로마 가톨릭 신자들 가운데 살면서 "성도들을 방문하는 것"에 대해서 말하면, 그들은 분명 우리가 어느 성당에 가서 영혼의 세계에 들어간 성인으로 시성된 사람들에게 간구하는 기도를 할 것으로 이해할 것이다. 로마 가톨릭 교회에 속하지 않은 많은 사람들도 이러한 생각을 거부하지는 않고 있다. 성경에서 말하는 성도는 독실한 신앙의 삶을 통해서, 사후 성인으로 추대되어 그 머리에 후광을 입은 그림이나 밀랍 인형으로 만들어지는 사람이 아니라, 평범한 신자를 가리킨다. 그렇다면 성도는 그리스도의 피에 의해서 정결하게 되고 또 성령을 소유함으로써 하나님을 위해 따로 구별된 사람을 가리키는 것이다.

참된 모든 신자가 성도라는 말은 우리 각 사람이 거룩을 추구해야 할 책임이 있다는 뜻이기도 하다. 어쩌면 로마 가톨릭적인 개념이 그처럼 강하게 지속되는 이유 가운데 하나는 사람들로 하여금 거룩은 자신들의 특별한 관심사가 아니며 소수의 어떤 사람들만의 전유물로 돌리도록 해주기 때문이다. 그렇다면 특별한 사람들은 거룩을 추구할 것이지만, 나머지 평범한 사람들은 그저 세상의 쾌락을 좇아 태평한 삶을 살고자 할 것이다. 우리는 성경에 일치하는 개념을 붙들어야 한다!

칭의와 성화는 같이 가는 것인가요?

위치적인 성화의 경우엔 함께 간다고 말할 수 있다. 고린도전서 6장 11절, "주 예수 그리스도의 이름과 우리 하나님의 성령 안에서 씻음과 거룩함과 의롭다 하심"이 이루어진 역사를 보면, 성화가 의롭다 하심을 받는 칭의에 앞서 언급되고 있다. 고린도인들은 깨끗함을 입었고, 그들이 의롭다 함을 받은 동일한 토대와 동일한 근거에서 하나님을 위해 따로 구별되었다. 우리도 마찬가지이다.

그 둘이 함께 가는 것이라면, 우리가 믿음에 의한 칭의를 말하는 것처럼 믿음에 의한 성화를 말하는 것은 옳은 것인가요?

우리는 성경에서 "믿음으로 의롭다 하심을 받았다"(롬 5:1)는 명백한 선언을 보지만, **믿음으로 성화되었다는 것**은 어디에서도 볼 수 없다. 그럼에도 의롭다 함을 받는 것처럼, 성화도 우리의 감정이 아닌 믿음으로 되는 것이 분명하다. 따라서 우리는 감정에 의해서가 아니라 믿음에 의해서 우리가 이미 하나님을 위해서 따로 구별되었음을 알아야 한다. 하나님은 우리가 예수님을 믿을 뿐만 아니라 예수 안에 있는 신자이기에, 우리를 의롭다고 선언하신다. 하나님은 우리가 예수님을 믿을 뿐만 아니라 예수 안에 있는 신자이기에, 우리를 자신을 위해 거룩하게 된 자로 선언하신다.

만일 실제적인 성화의 문제라면 얘기가 달라진다. 실제적인 성화는 점진적이며, 끝까지 증가하는 성향이 있다. 우리는 "하나님을 두려워하는 가운데서 거룩함을 온전히 이루어[야]"(고후 7:1) 한다. 바울은 데살로니가인들이 거룩하게 되어 "우리 주 예수 그리스도 강림하실 때까지 흠없게 보전되기를"(살전 5:23) 기도했다. **거룩은 믿음과 별개의 사안이 아니다.** 하지만 조심할 것이 있다. 믿음에 의한 거룩을 말할 때 비록 믿음만이 거룩을 산출하는 것이긴 해도, 그리스도인 삶의 다른 요소들과 어울리지 않고는 가능하지 않다는 사실을 상기해야 한다. 다른 요소들을 절대로 배격해서는 안된다.

그렇다면 그러한 요소들에는 무엇이 있습니까? 어떻게 실제적인 성화 혹은 거룩에 이를 수 있습니까?

로마서 6장 후반부에 보면, 거룩이 죄의 노예상태에서 해방된 결과로 제시되어 있다. 이제 죄와 사망의 법에서 우리를 해방시킨 것은 그리스도 예수 안에 있는 생명의 성령의 법이다(롬 8:2). 우리가 더욱 성령의 법 아래 들어갈 때, 혹은 **성령의 통제**를 받을 때 우리는 더욱 죄의 지배로부터 자유롭게 될 것이다. 그러므로 분명히 성령의 지배는 실제적인 성화에서 매우 중요한 요소인 것이다.

요한복음 17장 17절에 보면 주님이 자기 사람들을 위해서 기도하셨을 때, 주님은 "저희를 진리로 거룩하게 하옵소서 아버지의 말씀은 진리니이다."라고 말씀하셨다. 하나님의 영과 하나님의 말씀은 내적으로 서로 연결되어 있다. 창세기 처음 세 구절을 보면, 이 둘은 창조의 때에도 **함께** 했다. 마찬가지로 이 둘은 거듭남의 역사에도 함께 하며, 마찬가지로 실제적인 성화의 역사에도 함께 한다. 그렇다면 우리는 **성령에 의한 거룩** 뿐만 아니라 **진리의 말씀에 의한 거룩**도 말할 수 있다.

데살로니가전서 3장 12-13절을 보면 우리는 **사랑에 의한 거룩**도 말할 수 있다. 사랑이 우리 마음 속에서 확산되어가는 만큼 거룩이 우리 속에서 이루어진다.

게다가 육과 영의 온갖 더러운 것에서 자신을 깨끗하게 함으로써 **모든 부정한 것에서 분리됨으로써 이루어지는 거룩**도 있다. 고린도후서 6장 14절로 7장 1절은 우리에게 이것을 말해준다. 디모데후서 2장 16-22절은 동일한 것을 말하지만 다소 상황이 다르긴 하다.

지금까지 우리는 거룩을 산출하는 것에 믿음이 있다는 것 외에 네 가지 요소들이 더 있음을 살펴보았다.

우리는 종종 "완전성화"를 말하는 사람들이 죄의 존재로부터 완전한 자유를 누릴 수 있다고 주장하는 것을 보게 됩니다. 이것을 지지하는 구절이 성경에 있나요?

우리가 이미 살펴보았지만, 데살로니가 5장 23절이 있다. 하지만 이 구절에서 "온전히 거룩하게 하시고"에서 사용한 "온전히"라는 말은 "영과 혼과 몸"으로 이루어진 사람의 전인적인 측면을 언급하는 것이다. 하나님의 은혜의 역사는 부분적인 것이 없기 때문이다. 이처럼 거룩하게 하는 영향력은 우리의 모든 부분에 미치며, "우리 주 예수 그리스도의 날까지" 진행된다. 사람의 총체적인 성화가 진행되어 가다가 주님이 오실 때 완성되고 온전해질 것이다. 그 이전에는 가능하지 않다.

아담에게서 물려받은 이 몸에 거하는 한, 죄는 여전히 우리 속에 남아 있다. 하지만 우리가 더욱 하나님의 성화시키는 역사를 경험하게 되면, 우리는 덜 죄의 권세 아래 들어가게 될 것이다. 자신을 지킬 수 있는 충분한 능력이 자기 수중에 있기 때문에 신자가 죄를 지었다면 핑계할 수 없다. 그럼에도 우리는 야고보서에서 말한 대로, 종종 죄를 짓는다. 슬픈 일이지만 죄에 대한 감각이 무디어졌거나, 혹은 우리 자신을 속이고 있는 상황이 아니라면, 우리는 죄를 자백해야 한다.

실제적인 거룩의 삶은 사실은 정상적인 그리스도인의 삶이다. 실제로 거룩한 삶을 사는 사람은 자신의 거룩성에 대해서 거의 말을 하지 않는다. 그는 자신을 위해서 살지도 않을뿐더러 자신에 대해서도 말하지 않는다. 그러한 삶을 사는 사람의 최종적인 목표, 그리고 그러한 삶을 사는 사람이 주로 나누는 대화의 주제는 오직 그리스도이기 때문이다.

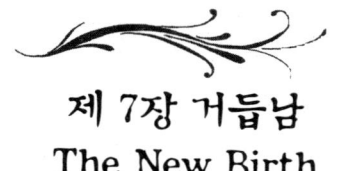

제 7장 거듭남
The New Birth

    거듭남이란 주제는, 주님이 밤에 찾아온 니고데모와 대화를 나눌 때 가장 선두에 내세운 것이었다. 뿐만 아니라 사도 요한은 요한복음의 서문에서 거듭남이란 주제를 암시했지만(요 1:13), 요한복음 3장에 이르기 전까지는 아무런 설명을 하지 않았다. 주님의 입술에서 흘러나오는 설명을 통해서, 우리는 베드로전서와 요한일서에서 다루고 있는 거듭남의 주제를 상세히 파악할 수 있게 된 것이다. 비록 에스겔서 36장에서 거듭남이란 단어를 사용하고 있지는 않지만 거기서 충분히 암시된 거듭남의 진리를 주님이 니고데모에게 하신 말씀을 통해서 확실히 알 수 있다.

니고데모는 예수님을 "하나님께로부터 오신 선생"(요 3:2)으로 확신했던 사람들 가운데 한 사람이었지만, 그는 요한복음 2장 끝부분에서 말하고 있는(요 2:23-25), 단순히 호기심만을 가졌던 사람들과는 달랐다. 니고데모는 "이스라엘의 선생"(요 3:10)이었고, 이것은 자신 보다 훨씬 넘어서는 권위를 가지고 말하고 행동했던 예수님을 선생으로 알아볼 수 있는 안목을 제공해주었다. 이러한 인식과 분별력을 가졌지만 니고데모는 자신을 매우 훌륭한 학자로, 자기 민족을 무척이나 사랑하는 애국자로, 민족적인 특권을 가진 인사(人士)로서 나아왔다. 그와 같은 사람에게 내려진 선언은 "사람이 거듭나지 아니하면 하나님의 나라를 볼 수 없[다.]"(요 3:3)는 것이었다.

여기서 번역된 "거듭(again)"이란 말은 "위로부터(from above)"의 의미도 가지고 있다. 요한복음 3장 31절과 다른 몇 군데에서 위로부터라는 말로 번역되었다. 니고데모는 거듭남의 의미를 이해하지 못한 것이 분명했다. 그렇지 않았다면 4절에 기록된 질문을 하지 않았을 것이다. 누가복음 1장 3절은 같은 단어를 "근원부터(from the very first)"라고 번역했고, 사도행전 26장 5절은 "일찍부터(from the beginning)"라고 번역했다. 이 두 가지가 본래 의미를 잘 전달해주는 것처럼 보인다. 니고데모는 그 근원의 시작부터 전혀 새로운 출생을 필요로 했다. 그렇지 않으면 아무 의미가 없기 때문이다.

니고데모는 아브라함의 후손으로 태어났으며, 따라서 그의 혈통은 최고의 혈통이었다. 그는 아브라함의 자손들 가운데 가장 훌륭한 인물이었을 수는 있지만, 하나님께 대해선 그렇지 않았다. 주님의 말씀은 그가 아브라함의 자녀이긴 하지만, 분명 그에게 정죄의 선고를 내리신 것이었다. 만일 하나님 나라에 들어가는 것이, 첫 번째 출생으로 충분했다면 새로운 출생을 요구하지 않았을 것이다. 우리 이방인들은 하나님의 친구인 아브라함의 후손으로 태어나는 것을 부러워할 필요가 없다. 우리는 다만 불순종했고 타락했던 아담의 후손일 뿐이다. 새로운 출생은 니고데모에게 뿐만 아니라 우리에게도 절대적으로 필요하다. 사실 아브라함이 아담의 자손인 것과 마찬가지로 니고데모도 아담의 자손이었다.

아담의 본성은 죄로 인해서 부패되었고, 모든 인류는 그의 타락하고 부패한 본성을 자손 대대로 물려받았다. 영적으로 소경되는 것도 죄가 부패시킨 것 가운데 하나였다. 따라서 우리는 하나님의 나라를 전혀 볼 수 없게 되었다. 예수님께서 지상에 계실 때 왕국은 사람들 가운데 임해 있었다. 왜냐하면 주님이 왕이셨기 때문이다. 하지만 사람들은 거듭나지 않았기 때문에 이 왕국을 보지 못했다. 니고데모는 예수님을 선생으로 밖에 보지 않았고, 참 빛으로 오신 예수님을 보려면 거듭날 필요가 있었다. 비록 예수님이 이 땅에 계시지는 않지만, 오늘날에도 이 사실은 동일하다. 사람들은 예수님을 종교적인 스승 혹은 종교적인 개혁자로만 본다. 새로운 출생이 일으키는 정결하게 되는 과정을 거치지 않는 한, 그들은 예수님을 하나님으로 보지 못하며, 또한 하나님의 나라도 보지 못한다.

요한복음 3장 5절에서 주님은 한 단계 더 나아간 가르침을 시작하신다. 우리는 하나님의 나라를 볼 뿐만 아니라 그곳으로 들어가야 한다. 그러기 위해선 먼저 "물과 성령으로" 태어나야만 한다. 여기서 물은 거듭나게 하는 도구요, 성령은 거듭나게 하는 주체이시다. 이러한 말씀들은 니고데모를 더욱 혼돈에 빠뜨렸다. 그래서 그는 믿을 수 없다는 듯이, "어찌 그러한 일이 있을 수 있나이까?"라고 말했다. 주님의 대답은 질문 형태를 띠었다. "너는 이스라엘의 선생으로서 이러한 것들을 알지 못하느냐?" 거듭남에 대한 주님의 가르침은 전혀 새로운 것이 아니었다. 전혀 들어본 일이 없는 것이 아니었다. 거듭남의 진리는 선지자들이 예언한 내용들에 뿌리를 내리고 있었고, 특히 에스겔 36장은 물과 성령을 함께 언급하면서 이 주제를 다루고 있었다. 놀라운 것은 니고데모가 예언서의 의미에 대해서 무지했다는 사실이었다.

요한복음 3장에서 "물"이란 단어가 의미하는 바가 무엇인가에 대해서 많은 논란이 있어왔다. 이 단어의 참 의미를 알려면, 주님이 암시하고 있는 성경으로 돌아갈 때에만 제대로 분별할 수 있을 것이다. 주님은 분명, 니고데모가 주님이 말씀하신 의미를 제대로 파악하는데 필요한 열쇠를 주시면서 그 단어를 사용하셨다. 그렇다면 우리는 에스겔 36장 24-36절을 살펴보아야 한다.

"내가 너희를 여러 나라 가운데에서 인도하여 내고 여러 민족 가운데에서 모아 데리고 고국 땅에 들어가서 맑은 물을 너희에게 뿌려서 너희로 정결하게 하되 곧 너희 모든 더러운 것에서와 모든 우상 숭배에서 너희를 정결하게 할 것이며 또 새 영을 너희 속에 두고 새 마음을 너희에게 주되 너희 육신에서 굳은 마음을 제거하고 부드러운 마음을 줄 것이며 또 내 신을 너희 속에 두어 너희로 내 율례를 행하게 하리니 너희가 내 규례를 지켜 행할지라 내가 너희 조상들에게 준 땅에서 너희가 거주하면서 내 백성이 되고 나는 너희 하나님이 되리라 내가 너희를 모든 더러운 데에서 구원하고 곡식이 풍성하게 하여 기근이 너희에게 닥치지 아니하게 할 것이며 또 나무의 열매와 밭의 소산을 풍성하게 하여 너희가 다시는 기근의 욕을 여러 나라에게 당하지 아니하게 하리니 그 때에 너희가 너희 악한 길과 너희 좋지 못한 행위를 기억하고 너희 모든 죄악과 가증한 일로 말미암아 스스로 밉게 보리라 주 여호와의 말씀이니라 내가 이렇게 행함은 너희를 위함이 아닌 줄을 너희가 알리라 이스라엘 족속아 너희 행위로 말미암아 부끄러워하고 한탄할

지어다 주 여호와께서 이같이 말씀하셨느니라 내가 너희를 모든 죄악에서 정결하게 하는 날에 성읍들에 사람이 거주하게 하며 황폐한 것이 건축되게 할 것인즉 전에는 지나가는 자의 눈에 황폐하게 보이던 그 황폐한 땅이 장차 경작이 될지라 사람이 이르기를 이 땅이 황폐하더니 이제는 에덴 동산 같이 되었고 황량하고 적막하고 무너진 성읍들에 성벽과 주민이 있다 하리니 너희 사방에 남은 이방 사람이 나 여호와가 무너진 곳을 건축하며 황폐한 자리에 심은 줄을 알리라 나 여호와가 말하였으니 이루리라."

이 본문은 말세에 주님이 고토를 떠나 흩어졌던 자기 백성 이스라엘을 다시 불러 모으시고 그들의 땅으로 돌아오게 하실 때 행하실 일을 말하고 있다. 그때 주님은 그들에게 "맑은 물"을 뿌려서 그들을 정결하게 하실 것이다. 모든 더러운 것들과 모든 우상 숭배하는 것들이 떠나갈 것이다. 이로써 주님은 그들 속에 "새로운 마음"과 "새로운 영"을 두실 것이다. 물로써 정결케 한 효과는 너무도 급진적이고 근본적인 것이어서, 그들의 본성은 총체적인 변화를 입게 될 것이다. 일단 이러한 엄청난 역사가 일어나게 되면, 그들의 이전 모습은 너무도 역겨운 것처럼 보일 것이다. "그 때에 너희가 너희 악한 길과 너희 좋지 못한 행위를 기억하고 너희 모든 죄악과 가증한 일로 말미암아 스스로 밉게 보리라."(31절) 도덕적, 영적 혁명이 이루어진 것이다.

나쁜 습관을 버리고 좋은 습관을 얻게 된 사람은 가끔 외견상 도덕적 변화에 있어서 괄목할 만한 모습을 나타내곤 한다. 하지만 에스겔 선지자가 내다본 도덕적 **혁명**은 가장 내면 깊숙한 곳에서 시작되는 것이었다. 그래서 사람 속에 새로운 마음과 새로운 영이 주어지고, 내면적으로 선한 것을 갈망하며 순종으로 이어지는 것을 말하고 있다. 이 사실은 27절, "또 내 신을 너희 속에 두어 너희로 내 율례를 행하게 하리니 너희가 내 규례를 지켜 행할지라."에 잘 나타나 있다. 따라서 주 예수님께서 에스겔서 예언의 말씀을 새로운 출생, 즉 거듭남의 의미로 설명하신 것은 이상한 일이 아니다. 그렇다면 거듭남은 이미 존재하고 있던 본성의 변화가 아니라, 전적으로 새로운 본성이 주어지는 것이다. 즉 **새로운 마음이 주어지며, 새로운 영이 속에 주어진다. 거듭남은 근원부터 완전히 새로운 시작**인 것이다.

에스겔 36장 27절은 "내 신(My Spirit)"을 그 날에 거듭난 이스라엘 속에 넣어줄 것이라고 말한다. 영어성경은 대문자로 되어 있지 않지만, 하나님의 영을 언급하는 것이므로 대문자로 표기되어야 한다. 그럴 때만이 26절의 새로운 영(a new spirit)과 구분이 된다. 그렇다면 에스겔 선지자는 이스라엘이 거듭나서 하나님의 영을 받을 때에만 하나님의 나라를 보고, 또 하나님의 나라에 들어갈 수 있다는 것을 우리에게 선명하게 보여주고 있는 것이다.

비록 니고데모에게 하신 주님의 말씀이 거듭남에 대한 진리를 상당히 많이 전개시키긴 했어도, 이 모든 내용을 니고데모는 마땅히 알고 있어야 했다. 이제 우리는 거듭남이 실제로는 하나님의 영에 의해서 이루어진다는 사실을 볼 수 있다. 거듭난 사람은 성령으로 난 사람이며, 성령으로 난 사람은 그 본성과 특징에 있어서 영적인 사람이다. 달리 말해서, 에스겔이 우리에게 말해준 대로, 새로운 마음과 새로운 영은 성령의 산물(産物)이며, 그분의 거룩한 본성에 참여한 결과인 것이다. 그래서 육으로 난 것은 육인 것이다. 아무리 개선을 하고, 교육을 받고, 문명의 혜택을 입고, 심지어는 기독교 종교를 가져도 거듭나지 않으면 여전히 육(flesh)일 뿐이다. 이 모든 것을 다 가져도, 육은 변하지 않은 채 남아 있다. 육은 영으로 변화될 수 없다. 성령으로 난 것만이 영이다. 거듭남이 없다면 영적인 사람이 되는 것은 불가능하다.

에스겔 선지자가 어떻게 하나님이 장래에 이스라엘에게 "맑은 물"을 뿌려서, 그들을 정결하게 할 것인지에 대해서 예언했을 때, 그의 글을 읽는 사람들의 마음은 물을 뿌리는 것을 두 번씩이나 언급하고 있는 민수기로 자연스럽게 향했을 것이다. 민수기 8장에 보면, 우리는 레위인들이 성막 봉사에 들어가기에 앞서 정결하게 하는 방법을 볼 수 있다. 모세는 "그들을 정결하게 하되 곧 속죄의 물을 그들에게 뿌리[라]"(7절)고 말했다. 민수기 19장에 보면, 우리는 이스라엘 평민이 여러 가지 부정한 일에서 정결하게 되는 방법을 볼 수 있다. 붉은 암송아지 재에서 "부정을 씻는 물 또는 정결하게 하는 물"이 나왔으며(9절), 그 물은 더럽혀진 사람이나 물건에 뿌리도록 했다. 여기서 "번제로 드려진 암송아지의 재"는 그리스도의 죽음의 모형이며, "정결하게 하는 물"은 흐르는 살아 있는 물로서 성령에 대한 모형이다.

이렇게 민수기의 모형에서 에스겔서의 예언으로, 그리고 에스겔서의 예언에서 요한복음 3장의 주님의 선언으로 순서적으로 살펴보자. 그리고 이 모든 것을 한 곳에 모으면 "물"의 의미하는 바가 선명하게 드러나게 될 것이다. 그리스도의 죽음이 가진 효력을 우리 영혼의 부정을 씻어내고 또 정결하게 하는 능력으로 임하게 하는 것은 하나님의 말씀이다. 하나님의 나라에 들어가려면 우리는 말씀과 성령을 통해서 거듭나야 한다. 요한복음의 다른 장에서 우리는 주님이 물과 말씀을 연결시키고 있는 것을 볼 수 있다. 요한복음 13장 5-11절에 기록된 장면과 요한복음 15장 3절, "너희는 내가 일러 준 말로 이미 깨끗하여졌으니"라는 주님의 말씀을 비교해보라. 게다가 에베소서 5장 26절, "이는 곧 물로 씻어 말씀으로 깨끗하게 하사 거룩하게 하시고"에서 "물"과 "말씀"이 같은 것처럼 사용된 것을 보라.

그렇다면 사람은, 아주 근원부터 새롭게 될 필요가 있게 된다. 이것을 위해서 필요한 도구가 바로 하나님의 말씀이다. 하나님의 말씀은 그리스도의 죽음의 공로 덕분에 우리의 죄악들을 정결하게 씻어내는 역사를 한다. 게다가 이 일을 행하시는 분은 하나님의 영이시다. 요한복음 3장에서 물은 한번 밖에 언급되지 않았다. 거듭남에 대한 주님의 말씀은 대부분 성령의 역사에 대한 것이었다.

이제 베드로전서 1장 22-25절로 가보자. "너희가 진리를 순종함으로 너희 영혼을 깨끗하게 하여 거짓이 없이 형제를 사랑하기에 이르렀으니 마음으로 뜨겁게 서로 사랑하라 너희가 거듭난 것은 썩어질 씨로 된 것이 아니요 썩지 아니할 씨로 된 것이니 살아 있고 항상 있는 하나님의 말씀으로 되었느니라 그러므로 모든 육체는 풀과 같고 그 모든 영광은 풀의 꽃과 같으니 풀은 마르고 꽃은 떨어지되 오직 주의 말씀은 세세토록 있도다 하였으니 너희에게 전한 복음이 곧 이 말씀이니라." 여기서는 성령님이 언급되고 긴 하지만, 주요 강조점은 물이 상징하고 있는 것, 즉 하나님의 말씀에 있다. 우리는 성령을 통해서 진리에 순종함으로써 영혼의 깨끗함을 받았다. 22절은 우리 쪽에서 이루어진 것을 말한다. 반면 23-25절은 하나님 쪽에서 이루어진 것을 말한다. 영혼이 깨끗하게 되는 역사는 하나님의 말씀을 통해서 우리 속에서 일어나는 성령의 역사인고로 매우 효과적이다. 이 역사는 우리가 요한복음 3장을 통해서 알게 된 것처럼, 성령에 의해서 이루어진다. 우리는 말씀에 "의해서(by)" 거듭날 뿐만 아니라 썩지 아니할 씨 "로(of)" 거듭난다. 우리는 이 두 가지를 혼동해서는 안된다. "by"는 **도구**(agency)를, "of"는 **근원**(origin)을 가리킨다.

아담의 자녀로서 우리는 단순히 썩어질 씨가 아니라 실제적으로 그리고 치명적으로 **썩은** 씨로 태어났다. 하지만 이제 우리는 **썩지 아니할** 씨로 거듭났다. 왜냐하면 그 씨는 신성하기 때문이다. 이사야 선지자는 환상 중에 죽었다가 다시 살아나실 여호와의 종을 볼 수 있었다. 그리고 그는 "여호와께서 그로 상함을 받게 하시기를 원하사 질고를 당하게 하셨은즉 그의 영혼을 속건제물로 드리기에 이르면 그가 **씨(His seed)**를 보게"(사 53:10) 될 것을 예언했다.

이사야는 이렇게 새로운 자신의 영적인 근원을 주님에게서 얻게 될 사람들을 보았다. 이러한 생각이 베드로전서에 투영된 것으로 보인다. 거듭난 자로서 우리는 본성상 썩지 아니할 새로운 근원을 가지게 되었다. 우리를 거듭나게 한 말씀은 "살아 있고 항상 있는 하나님의 말씀"이다. 그렇다면 거듭나게 된 결과로, 우리는 다음과 같이 경이로운 특징을 덧입게 된다. 즉 **생명**, **영원**, 그리고 **썩지 아니함(불멸)**이다.

우리가 살펴본 이 모든 것들을 통해서, 거듭남은 우리 속에서 일어나는 하나님의 성령의 역사이며, 죄로 인해서 발생한 우리 본성의 부패 때문에 꼭 필요한 역사라는 사실을 알게 된다. 우리를 칭의와 화목으로 이끌어 가는 데에는 하나의 역사로 충분하지 않다. 거기엔 반드시 도덕적으로 깨끗하게 해주는 이러한 역사가 선행되어야 하며, 이러한 거듭남은 우리를 우리 본성의 부패에서 높이 들어 올려준다. 외적으로 정결하게 하는 것은 문제를 해결하지 못한다. 썩지 아니할 원천에서 나온 새로운 본성을 우리 속에 소유하는 것이 아니면 안된다. 이보다 더 깊고 더 근본적으로 정결하게 해줄 수 있는 것은 없다.

우리가 썩지 아니할 씨로 거듭났다는 베드로의 진술과 요한일서 3장 9절, "하나님께로부터 난 자마다 죄를 짓지 아니하나니 이는 하나님의 씨가 그의 속에 거함이요 그도 범죄하지 못하는 것은 하나님께로부터 났음이라"는 요한의 진술은 자연스럽게 연결된다. 이 구절은 거듭남이 가지고 있는 총체적인 의미를 우리에게 제공해준다. 요한일서는 하나님께로부터 나는데 도구로서 사용되는 하나님의 말씀에 대한 언급도 없고, 게다가 거듭나는 역사를 주도하시는 하나님의 성령에 대한 언급도 없다. 강조점은 모든 것의 원천이신 하나님 자신에게 집중되고 있다. 하나님께로부터 난 사람은, 하나님의 씨가 그의 속에 거한다. 이 사실은 취소될 수 없다. 그렇다면 우리는 하나님의 무죄한 본성에 참여한다. 거듭난 사람은 죄를 지을 수 없다. 왜냐하면 하나님께로부터 났기에 의롭기 때문이다.

그렇게 말함으로써 요한은 우리의 것이 된 새로운 본성의 필수적인 특징을 따라서 우리를 대한다. 하나님이 우리에 대한 자신의 역사를 완성하셨기 때문에 요한은 그렇게 말할 수 있었다. 우리는 장차 추상적으로가 아니라 절대적으로 그렇게 될 것이다. 우리의 몸이 영화롭게 될 때, 아담의 본성에 속한 마지막 상흔마저도 사라질 것이다. 사도 요한은 다른 구절에서 우리 속에 죄가 있을 뿐만 아니라 우리가 죄를 짓고 있는 실존적인 측면에 대해서 말했다. 요한일서 1장 8절로 2장 2절까지를 보라. 이처럼 우리가 앞에서 살펴본 대로 추상적인 측면 뿐만 아니라 실제적인 측면을 고려하는 것도 중요하다. 더욱 중요한 것은, 우리가 하나님께로부터 난 자로서 죄를 지을 수 없는 본성을 가지고 있다는 점이다.

이 새로운 본성은 **죄가 없다(sinless)**. 이것은 소극적인 측면이다. 게다가 **의로우며**(요일 2:29), **사랑하는 능력이 있다**(요일 3:10,11). 새 본성은 **믿음의 특징**이 있으며(요일 5:1), 또한 **세상을 이기는 특징**이 있다(요일 5:4). 이러한 특징은 적극적인 측면으로 매우 큰 가치가 있는 덕목들이다. 이러한 특징들이 신자들에게서 선명하게 나타날 때, 이 일은 모든 사람들에게 엄청난 도덕적 혁명으로 보일 것이다. 총체적인 깨끗함과 정결케 하는 역사가 이루어졌기 때문이다.

요한일서 1장 7절에 의하면 우리는 그리스도의 피로써 깨끗하게 됩니다. 우리가 지금까지 살펴본 깨끗케 되는 것과 이것 사이의 차이점이 있습니까? 그렇다면, 그 차이점은 무엇인가요?

그리스도의 피는 그리스도의 거룩한 생명이 우리에게 부과된 심판을 감당하기 위하여 죽음에 넘겨졌음을 의미한다. 이로써 우리는 **법적으로**(judicially) 깨끗하게 된다. 거듭남을 통해서 깨끗케 되는 것과 물에 의해서 정결하게 되는 것은 우리의 성품에 관련되며, 새로운 본성을 받는 것과 연관이 있다. 이로써 우리는 **도덕적으로** 깨끗하게 된다. 어느 한쪽만으로는 충분하지 않다. 둘 다 하나님의 은혜를 통해서 우리에게 수여되었다.

요한복음 3장에 있는 물은 세례(침례)와 아무 연관이 없는 것입니까?

우리는 주님이 여기서 "물"이란 말을 사용하실 때 세례(침례)를 전혀 암시하시지 않았다고 확신한다. 주님이 의도하신 바가 세례(침례)였을 것으로 니고데모가 생각하지 않았다는 것은 놀라운 일이 못된다. 주님은 에스겔서 36장을 염두에 두셨기에, 니고데모는 에스겔 36장을 잘 알고 있었을 것이고, 또 그 장이 세례(침례)와는 아무 관계가 없다는 것도 알고 있었을 것이다. 요한복음 6장 53절이 주의 만찬과 직접적인 연관이 없는 것만큼이나 요한복음 3장 5

절도 세례(침례)와 직접적인 연관성이 없다. 비록 두 구절 모두에서 외적인 예식을 엿볼 수는 있지만, 사실 상당한 진리를 진술하고 있다. 두 가지 경우에서 우리는 예식에 대한 교훈이 아니라 진리에 대한 진술을 보게 되며, 이 진리를 통해서 예식에 대한 참고 사항을 볼 수 있다.

우리는 "거듭남", "물과 성령으로 남", "하나님께로부터 남" 등 서로 다른 용어들을 볼 수 있습니다. 이 모두는 같은 것을 표현하고 있는 건가요?

우리는 이 모든 것이 동일하게 성령을 통해서 우리 속에서 일으키는 하나님의 위대한 역사를 가리킨다고 믿는다. 성경은 다른 두 종류의 거듭남의 역사가 있는 것으로 말하지 않는다. 예를 들자면, 요한복음 3장에서 말하는 "거듭나는 것(born again)"이 따로 있고, 요한일서 3장에서 말하는 "하나님께로부터 나는 것(born of God)"이 따로 있는 것이 아니다. 하지만 서로 다르게 표현하고 있는 각각의 표현은 각자 가진 독특한 특징과 힘이 있다. 첫 번째, 거듭남이 가진 전혀 새롭고 근원적인 특징을 강조한다. 두 번째, 거듭남을 이루시고, 거듭나게 하는 도구를 사용하시는 주체가 누구인지를 강조해준다. 세 번째, 거듭남이 어디서 시작되는 것인지 근원을 강조한다. 사실 우리는 교리의 발전 순서가 네 개의 구절 가운데 나타나 있다고 생각하며, 그 시작은 에스겔서이다.

새로운 출생(거듭남)은 분명 하나님의 역사입니다. 그렇다면 거듭남은 복음 전파와는 무관하게 성령을 통해서 이루어지는 것인가요?

이 질문에 대한 답변은 베드로전서에 있다. "너희가 거듭난 것은 … 하나님의 말씀으로 되었느니라 … 너희에게 전한 복음이 곧 이 말씀이니라."(벧전 1:23-25) 성령님은 과거 세대에도 말씀을 통해서 역사하셨고, 오늘날에도 우리를 거듭나게 하는데 사용하는 말씀은 복음을 통해서 우리에게 증거된 말씀이다.

그렇다면 복음을 단순하게 믿기만 하면 거듭나는 것입니까? 어떤 사람들은 우리가 거듭나려면 믿어야 한다고 말하고, 또 어떤 사람들은 믿으려면 거듭나야 한다고 말합니다.

알미니안주의 성향을 가진 사람은 첫 번째 견해를 가지고 있고, 칼빈주의 성향을 가진 사람은 두 번째 견해를 가지고 있다. 이것은 우리 마음에 하나님의 주권과 인간의 책임을 어떻게 조화를 이룰 것인가의 문제를 일으킨다. 굳이 질문에 대답을 해야 한다면, 복음을 **단순히 믿는다고 해서** 거듭나는 것이 아니다. 왜냐하면 단순히 믿기만 한다면, 우리는 더욱 중요한 요소들에 대해서 문을 닫는 것이 되기 때문이다. 게다가 만일 우리가 그것이 **단순히 성령에 의해서 되는 것이라고만 말해도**, 동일하게 잘못하는 것이다. 그렇게 하면 우리는 복음에 대해서 문을 닫는 것이 되고 만다. 베드로의 말에 의하면, 복음에 대해서 문을 닫아서는 안된다.

사실, 우리는 우리 주님이 요한복음 3장 8절에서 하신 말씀을 조심스럽게 살펴보아야 한다. 주님은 새로운 출생을 일으키는 성령의 역사는 우리의 이성적 한계를 넘어서는 것으로 말씀하셨다. 우리 손 안에 바람을 모으는 것이 우리 마음에 이 모든 것을 이해하는 것 보다 더 쉬울 것이다. 베드로전서의 구절, 특히 22-23절은 인간적인 측면을 말하고 있으며, 알미니안주의자들은 이 점을 강조한다. 요한서신은 하나님의 측면을 말하고 있으며, 칼빈주의자들은 이 점을 강조한다. 우리는 두 측면을 모두 강조해야 한다. 예를 들어, 우리 주 예수 그리스도의 신성과 인성도 한 측면만을 강조하게 되면 균형을 잃고 문제가 생길 것이다. 하지만 양쪽 모두를 균형 있게 강조할 때, 성경의 진리가 완성되는 것과 같다.

하지만 거듭남은 하나님이 우리 영혼 속에서 일으키는 하나님 역사의 최초의 시작이 아닌가요? 그렇다면 거듭나기 전까지 우리는 하나님을 향해서 조금의 미동조차 할 수 없는, 절대적으로 죽은 상태가 아닌가요?

우리는 예외 없이 절대적으로 영적으로 죽은 상태에서 시작한다. 하나님이 역사를 시작하지 않으신다면 우리에겐 아무런 소망이 없다. 사람을 축복하시는 하나님의 역사는 하나님에게서 시작되는 것이지 사람에게서 시작되는 것이 아니다. 창조의 역사를 생각해보면, 이 사실을 확신할 수 있다. 창조는 하나님에게서 시작된 것이지 사람에게서 시작된 것이 아니기 때문이다. 하나님께서 모든 주도권을 가지고 계시며, 성령님이 처음 창조의 역사 속에서 수면 위에 운행하셨던 것처럼, 우리 마음에 감동을 주기 시작하신다. 하지만 성경의 빛을 통해 살펴보아도, 거듭남의 역사 속에서 성령의 첫 번째 역사가 무엇인지 확실히 말하기는 어렵다. 아무리 성경의 사례를 살펴볼지라도, 거듭남은 광범위하고 포괄적인 것이다.

게다가 거듭남은 죽은 상태가 아니라 부패 상태와 대립관계를 이루고 있다. 성경에서 죽음과 대립관계를 이루고 있는 단어는 영혼의 살아남(quickening)이다. 거듭남에 의해서 우리는 죄를 지을 수 없는 본성을 소유하게 되며, 그 결과로 "정욕 때문에 세상에서 썩어질 것을"(벧후 1:4) 피할 수 있게 되는 것이다.

거듭남과 디도서 3장 5절에서 말하는 중생은 같은 것입니까?

그렇지 않다. 중생(regeneration)으로 번역된 단어는 성경에서 두 번 사용되었고, 두 번의 경우 모두 천년왕국 시대에 입게 될 새로운 질서가 가진 특징과 연결되어 있다. 디도서 3장 5절은 "중생의 씻음"을 말하고 있는데, 여기서 우리는 중생이 거듭남 자체는 아니지만, "**씻음**"은 거듭남에 해당한다고 믿고 있다. 그렇다면 디도서 3장 5절은 에스겔 36장 25-27절 "맑은 물을 너희에게 뿌려서 너희로 정결하게 하되 곧 너희 모든 더러운 것에서와 모든 우상 숭배에서 너희를 정결하게 할 것이며 또 새 영을 너희 속에 두고 새 마음을 너희에게 주되 너희 육신에서 굳은 마음을 제거하고 부드러운 마음을 줄 것이며 또 내 신을 너희 속에 두어"가 신약성경의 언어 속에 투영된 것이다. 이스라엘 민족은 장차 거듭나게 될 것이고, 따라서 천년왕국에 들어가기에 앞서 그들의 부패된 모든 죄들에서 정결하게 될 것이다. 하지만 우리의 경우엔 그 시대의 여명이 동터오기 전까지 기다릴 필요가 없다. 씻음은 장차 오는 세대의 이방인들과도 연관이 있다. 따라서 "항상 거짓말쟁이며 악한 짐승이며 배만 위하는 게으름뱅이"로 불린 그레데인들도 정결하게 될 것이며, 장차 그들도 "신중함과 의로움과 경건함으로" 살게 될 것이다.

그 동일한 씻음이 우리에게도 임했다. 썩지 아니할 씨로 거듭난 이후로, 우리는 더 이상 부패한 정욕에 의해 지배를 당하지 않는다.

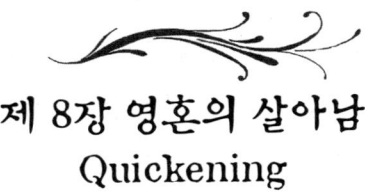

제 8장 영혼의 살아남
Quickening

타락한 우리의 상태를 제대로 파악할 때만이, 우리는 죄가 초래한 완전한 파괴 혹은 그에 대한 하나님의 완전한 대책, 그리고 복음이 우리에게 가져다 준 모든 것에 대하여 제대로 된 이해를 가질 수 있다.

우리는 이미 죄로 인해서

유죄 상태에 있었다. 그래서 **죄 사함**이 필요했다.
정죄 상태에 있었다. 그래서 **칭의**가 필요했다.
노예 상태에 있었다. 그래서 **구속**이 필요했다.

하나님에게서 멀리 떠나 **원수 상태**에 있었다. 그래서 **화목**이 필요했다.

많은 **위험** 가운데 노출되어 있었다. 그래서 **구원**이 필요했다.

온갖 더러움과 **세속성**에 오염되어 있었다. 그래서 **성화**가 필요했다.

우리 본성의 가장 깊은 곳이 **부패**되어 있었다. 그래서 **새로운 출생, 거듭남**이 필요했다.

이제 우리가 살펴볼 것은 죄는 우리를 영적인 **사망 상태**에 처하게 했다는 점이다. 그래서 우리가 하나님을 향해 살고자 한다면 반드시 **영혼의 살아남**이 있어야 한다.

우리의 상태는 에베소서 2장 1절에 잘 나타나 있다. 즉 "허물과 죄로" 죽어 있었다. 다음 구절은 놀랍게도 허물과 죄 가운데 있는 사람들이 행하는 모습을 설명하고 있다. 이는 여기서 말하는 죽음이 **하나님을 향해** 영적으로, 도덕적으로 죽어 있는 상태를 말하고 있기 때문이다. 하나님을 향해 죽어 있는 사람은 "이 세상 풍조를 따르고" 또 "불순종의 자녀들 가운데서 역사하는," "공중의 권세 잡은 자를 좇는 일"에 **완연하게** 살아 있는 사람이다. 하나님을 향해 죽은 사람이 되는 것은 세상과 마귀에 대하여 활동적으로 살아있는 사람이 되는 것이다. 사실 이 둘은 서로 상극이다.

이것은 로마서 3장 11절, "깨닫는 자도 없고 하나님을 찾는 자도 없[다]"는 엄숙한 선언에 담긴 사실이다. 의인이 없다는 것은 나쁜 상황이다. 깨닫는 자가 없다는 것도 상황이 악화되어 있는 것이다. 이러한 상태는 무지와 무감각에 빠져 있음을 의미하기 때문이다. 깨닫는 자도 없고 하나님을 찾는 자도 없는 것은 최악의 상황이다. 하나님과 함께 할 때에만 의와 깨달음과 생명이 있기 때문이다. (거듭난 일이 없는) 자연인에게는 하나님을 갈망하는 것이 없다. 사람은 의롭지 않다. 사람은 자신이 의롭지 못하다는 것을 깨닫지 못한다. 사람은 의로우신 하나님을 갈망하는 욕구가 없다. 다시 말해서 사람은 하나님을 향해 **죽어 있다**.

이처럼 엄청난 사실들이 우리를 붙잡고 있었다. 이제 우리는 우리의 유일한 소망이 자신의 주권적인 긍휼 가운데서 일을 시작하시는 하나님에게 있음을 깨닫는다. 우리는 악으로 시작하는데 상당히 일가견이 있지만, 하나님에게 속한 모든 일에 대해서는 죽어 있다. 따라서 모든 움직임은 하나님에게서 나와야 한다.

하나님이 먼저 일하셔야만 한다. 하지만 하나님은 **어떻게** 일하시는가? 개선, 개혁, 교육, 혹은 교훈이 우리의 상황을 치료할 수 있는가? 그럴 수 없다. 하나님이 살리실 때까지 아무 일도 일어날 수 없다. 왜냐하면 살리는 역사는 단순하게 말하자면 생명을 주는 것을 의미하기 때문이다. 신약성경에서 "살리다(quicken)"로 번역된 단어는, 명사형으로는 "생명", 동사형으로는 "생명을 주다"의 의미를 가지고 있다.

놀라운 사실은 에스겔서 36장이 이스라엘이 처한 영적인 **부패**와 도덕적 더러움을 보여주고 또 **새로운 출생**에 대한 예언이 그들에게 이루어질 것에 대해 말한 후, 에스겔서 37장의 마른 뼈 골짜기에 대한 환상이 주어졌다는 것이다. 이것은 이스라엘이 민족적으로 처한 하나님에 대한 **사망 상태**를 보여주며, 또한 그들이 천년왕국의 지복 속으로 들어가기 전에 반드시 일어나게 될 하나님의 **살리는 역사**에 대한 예언을 말해준다. 이스라엘은 하나님의 역사로 자신들이 살고 있는 열방 가운데서 죽은 자처럼 묻혀있던 무덤과도 같은 상태에서 벗어나게 될 것이다. 민족적인 부활과 부흥이 있을 것이다. "너희가 살아나게 되고 내가 또 너희를 너희 고국 땅에 두리니 나 여호와가 이 일을 말하고 이룬 줄을 너희가 알리라 여호와의 말씀이니라."(겔 37:14) 일단 그들이 살아나게 되면 그들은 영적인 것들을 **이해하게** 될 것이고 또한 주님을 즉시 **찾게** 될 것이다.

에스겔 37장 9절의 "바람" 혹은 "생기"는 14절의 "내 영"과 같다. 사실은 동일한 히브리어 단어가 문맥에 따라 때로는 "바람"으로, 때로는 "생기 혹은 영"으로 번역된 것이다. 이 구절들과 요한복음 3장 8절을 비교해보면 참으로 흥미롭다. 요한복음 3장 8절은 바람 부는 현상을 새로운 출생, 거듭남에서 성령의 역사와 연결시키고 있다. 그렇다면 거듭남은 영혼을 살리는 성령의 역사와 연결되어 있는 것이다. 이것은 우리에게 거듭남과 영혼의 살아남이 에스겔서 36장과 37장에서 설명하고 있는 대로, 서로 구분되며 또한 독립적인 것으로 생각할 수 있지만 그럼에도 서로 밀접하게 연결되어 있으며 또한 나눌 수 없다는 사실을 보여준다.

만일 요한복음 3장이 에스겔서 36장에 대한 응답이라면, 요한복음 5장은 에스겔서 37장에 대한 응답인 셈이다. 요한복음 5장은 무력한 병자가 치료된 이야기로 시작된다. 생명의 신선한 물줄기가 그의 마비된 팔다리에 흘렀을 때, 그는 자기 침상을 들고 걸어갈 수 있었다. 이러한 기적이 도전을 받았을 때, 주 예수님은 자신이 행하게 될 이 보다 더 큰 기적, 즉 자기의 원하는 자들을 살리고 또 무덤 속에 있는 모든 자들을 살리는 역사에 대해서 말씀하셨다. 자기의 원하는 자들을 살리는 일은 제한된 사역이다. 이 일은 영적으로 죽은 자들이 하나님의 아들의 음성을 듣고, 듣는 자는 영적으로 살아나는 일이다. 무덤 속에 있는 모든 자들을 살리는 일은 우주적인 사역이 될 것이다. 무덤 속에 있는 모든 자들이 아들의 음성을 듣게 될 것이고, 두 부류, 즉 생명과 심판으로 각각 나뉘게 될 것이다. 이 두 가지 역사는 서로 다른 시대에 일어난다.

요한복음 5장 21절에 보면, 살리는 일은 아버지와 아들이 행하는 사역이다. 반면 다음 구절에 보면 심판의 일은 전적으로 아들의 손에 맡겨졌다. 아들, 오직 하나님의 아드님이 이 세상에 오셔서 고난을 받으셨고, 또 멸시를 당하셨다. 그렇다면 아드님에게만 최고의 영예와 위엄과 존귀가 돌려져야 하고, 그 결과로 심판하는 권세가 맡겨진 것이다. 하지만 생명을 주는 일에 있어서는 아버지와 동등하게 자신의 뜻대로 행하시며, 굳이 말할 필요도 없지만, 아버지의 완전한 뜻과 조화를 이루어 그렇게 행하신다. 아버지와 동등하게 아드님은 생명의 원천이시다. 이는 26절에서 "아버지께서 자기 속에 생명이 있음 같이 아들에게도 생명을 주어 그 속에 있게 하셨고"라고 말하고 있을 뿐만 아니라, 21절은 "아버지께서 죽은 자들을 일으켜 살리심 같이 아들도 자기가 원하는 자들을 살리느니라"고 말하고 있기 때문이다. 게다가 고린도전서 15장 45절은 "마지막 아담은 살려 주는 영이 되었[다]"고 말한다.

요한복음 5장 24절과 25절은 아들께서 현재 생명주는 능력을 가지고 일하시는 방식을 설명해준다. 아들께서는 말씀을 수단으로 해서 살리신다. 하나님의 말씀을 실제적으로 듣는 사람들이 있다. 즉 그들은 말씀을 통해서 "하나님 아들의 음성을" 듣고, 결과적으로 아들을 보내신 아버지를 믿게 되며, 따라서 그들은 살리심을 받게 된다. 영혼이 살아나는 역사는 아무런 수단을 사용하지 않고 그저 아들이 행하시는 단독 역사로 제시되지 않았다. 그렇다면 우리는 "살아난 자는 듣게 되리라"고 읽어야할 것이다. 하지만 성경은 우리에게 "듣는 자는 살아나리라"고 말한다. 생명은 실로 하나님의 선물이지만, 생명은 하나님의 말씀을 통해서 아들의 음성을 들을 때 우리에게 임하는 것이다.

요한복음 5장의 빛을 통해서 우리는 영혼이 살아나는 것은 우리 속에서 일으키는 하나님의 역사 가운데 가장 심층적이면서도 근본적인 측면이라는 것을 알게 된다. 중요한 점은 영혼을 살리는 역사에 특별한 방법으로 아버지와 아들이 함께 참여하신다는 것이다. 종종 19절과 30절에서 언급하신 주님의 말씀을 잘못 이해하는 경우가 있다. "아들이 아버지께서 하시는 일을 보지 않고는 아무 것도 스스로 할 수 없나니"(19절), "내가 아무 것도 스스로 할 수 없노라."(30절) 이 말씀은 아들이 가진 모든 권세를 부인하는 것이 아니다. 오히려 이 말씀은 첫 번째로, 사람 되신 인자께서 아버지께 의존적인 사역을 하시면서, 또 아버지께 복종하시고 전적으로 성령에 의지해서 일하시는 자세와 태도를 설명하고 있다. 이러한 생각은 30절에 특별히 잘 나타나 있다. 그리고 두 번째로, 이 말씀은 삼위일체 가운데 제2위이신 아들께서 아버지와 별개로 일하시는 것이 불가능하다는 사실을 강조하고 있다. 이러한 생각은 19절에 두드러지게 나타나 있다.

이처럼 내적이고 더욱 깊이 감춰진 측면을 통해서 볼 때, 마치 주님은 "나는 아버지와 그토록 본질적으로 하나를 이루고 있기에,

아버지와 별개로 일하는 것은 본질적으로 불가능하다."고 말씀하시는 듯하다. 이는 아들의 본질적인 신성에 대한 가장 확실한 확증인 것이다. 19절 후반부에 보면, 아버지와 아들은 항상 함께 하셔야만 한다. 그렇다면 주님은 "자기를 하나님과 동등으로" 삼으신다는 고소를 받아들이신 것이다. 그것을 **받아들이셨을 뿐만 아니라**, 그러한 생각을 **더 자세히** 설명하신 것이다. 따라서 아버지와 아들은 생명을 주는 권능을 행하시는 일에서 함께 하신다.

요한복음 6장 63절 "살리는 것은 영이니 육은 무익하니라 내가 너희에게 이른 말은 영이요"에서 우리는 하나님의 영께서도 살리는 일을 하시는 것을 볼 수 있다. 이 구절에서 처음 나온 "영"이라는 단어는 대문자로 표시되어야 하며, 두 번째로 나온 영이라는 단어는 대문자가 아니라 소문자여야 한다. 요한복음 3장 6절 "영으로 난 것은 영이니"와 비교해보면, 이 차이는 명확해진다. 주님의 입에서 나오는 말씀은 영이요 생명이지만, 살리는 일을 하시는 분은 성령님이시다. 그렇다면 우리는 생명을 주는 사역에는 아버지, 아들, 그리고 성령께서 모두 관여하신다는 사실을 알게 된다.

한 가지 더 살펴볼 것이 있다. 영혼의 살리심은 에베소서 2장 5절과 골로새서 2장 13절에도 소개되어 있다. 우리는 그리스도와 함께 살리심을 받았다(엡 2:5). "허물과 죄로"(엡 2:1) 죽었고, 또한 "범죄와 육체의 무할례로"(골 2:13) 죽었던 데서, 살리심을 받은 것이다. 영혼의 살리심을 받는 것은 구약성도와 신약성도 모두에게 해당되는 모든 세대에 필수적인 일이지만, **그리스도와 함께** 살리심을 받는 것은 오직 신약성도에게만 해당되는 것이다. 이는 은혜 세대에 성취되는 하나님의 계획의 열매이기 때문이다.

"함께 하는" 생명, 그리스도와 연합된 생명은 우리를 위한 하나님의 생각이었고, 이 생명은 우리가 처한 황량했던 삶의 자리를 넘어가게 해준다. 만일 우리가 지속적인 복을 누리려면, **전혀 다른 종류의 생명**을 받아야만 한다. 이 생명은 구속받은 새로운 피조물만 경험할 수 있는 가장 수준이 높고 가장 친밀한 생명이다. 그렇다면 이 생명은 긍휼에 풍성하시고 우리를 사랑하시는 하나님의 큰 사랑의 열매로서 우리 영혼을 살리신 결과인 것이다. **풍성한** 긍휼과 **큰** 사랑이 이렇게 나타났다.

우리는 살아남으로써 우리 생명이 그리스도의 생명 수준으로 살아났을 뿐만 아니라 그리스도와 연합을 이루게 되었다. 그리스도의 생명이 우리 생명이 되었다. 이렇게 된 결과, 우리는 함께 일으킴을 받았고 그리스도 안에서 "함께 하늘에 앉는 일"이 가능해졌다. 이러한 수준으로 생명을 소유함으로써, 우리는 그처럼 높은 자리에 앉는 일에 합당해진 것이다. 우리가 살리심을 받은 경이로운 이야기는 우리를 살리신 분의 생명 안에서 하늘에 앉는 것으로 완성된다.

구약성경에서도 살리심을 받는 것을 볼 수 있습니다. 시편 119편에서도 시편 기자는 십여 차례 이상 살리심을 받는 것에 대해 말합니다. 그렇다면 신약성경과 무슨 차이가 있습니까?

우리는 구약성경에서 말하는 살리심과 신약성경에서 말하는 살리심을 반드시 구분해야 한다. 시편 기자는 50절에서 하나님의 말씀이 자신을 살리셨다고 말하고 있으며, 계속해서 자신을 살리시기를 소망하고 있다. 그 말은 좀 더 강한 힘을 가지고, 좀 더 활력적인 삶으로 회복되는 의미로 사용되었다. 구약시대에 사람은 여전히 시험 아래 있었다. 율법이 사람을 시험하기 위해서 주어졌고, 이 땅에서의 삶은 율법에 대한 완전한 순종의 결과로만 보장받았다. 신약시대로 올 때에만 그 시험 기간은 끝나게 되고, 사람은 허물과 죄로 죽어 있다는 공식적인 선언을 받는다. 따라서 신약성경에서만이 영혼이 살리심을 받는 완전한 진리가 소개되어 있다.

어떤 사람들은 살리심을 받는 것을 매우 고차원적인 진리로 생각합니다. 예를 들자면, 사람이 거듭난 이후 상당히 오랜 후에 이루어지는 하나님의 사역의 최종적인 단계로 생각하고 있습니다. 성경이 이렇게 말하고 있나요?

분명 그렇지 않다. 하나님의 능력으로 살리심을 받기 이전에 우리는 죽어 있는 상태다. 하나님의 역사 가운데 최종적인 단계라기보다는 오히려 시작 단계이다. 하지만 그 중요성은 대개 더디게 이해되는 진리이기도 하다. 거의 예외 없이 우리는 죄 사함과 구원에 대한 진리를 이해하는 것으로 신앙생활을 시작한다. 이 생명의 문제, 더욱이 그리스도와 함께 하는 생명에 대한 것은 우리의 영적인 역사에서 보면 맨 나중에 관심을 갖곤 한다. 영적인 실체를 우리가 **바르게 인지하고 이해하는 것**과 **그 실체 자체**를 혼동해서는 안된다. 영적인 실체 자체는 하나님이 일하신 결과이다. 그것을 우리가 이해하고 있다는 것은 성령의 가르침을 받은 결과이다.

요한복음 5장 21절에 보면, 아버지께서는 (1) 죽은 자들을 일으키시고, (2) 그들을 살리는 일을 하십니다. 이 둘 사이의 차이점을 구분할 수 있나요? 그렇다면 그 차이는 무엇인가요?

분명한 차이점이 있다고 본다. 요한복음 11장 25절에서 주 예수님은 "나는 부활이요 생명"이라고 말씀하셨다. 부활과 생명은 다른 것이다. 거듭난 **우리에겐** 이 둘이 매우 긴밀하게 **연결되어** 있다. 회심하지 않은 죽은 사람들에겐 이 둘은 **전혀 별개**이다. 요한복음 5장 29절에 보면 거듭나지 않은 사람들은 생명의 부활이 아니라 심판의 부활로 나올 것이다. 그들은 영혼의 살리심을 받지는 못했지만, 어쨌든 일으켜질 것이고, 그들의 한때 죽었던 몸은 소생하게 될 것이다. 골로새서 2장 12,13절은 부활과 살리시는 것이 별개라는 사실을 잘 보여준다. 우리는 이미 살리심을 받았지만, 부활은 아직 경험하지 못했다. 그 부활의 순간이 오면 우리의 몸은 생명력으로 충만해질 것이며, 우리 영혼에 이미 일어난 일과 완전한 조화를 이루게 될 것이다.

로마서 8장 11절은 우리 "죽을 몸"이 살리심을 받는 것에 대해서 말하고 있습니다. 이것은 현재적인 일인가요 아니면 미래적인 일인가요?

그것은 미래적인 일이다. "너희 안에 거하시는 그의 영으로 말미암아 너희 죽을 몸도 살리[실]" 분은 하나님이시다. 이전 구절에서 우리는 "영은 의로 말미암은" 생명이라는 것을 볼 수 있다. 두 가지 모두 내주하시는 성령을 가리킨다. 성령님은 경험적이고 실제적인 방식으로 지금 우리에게 생명이시다. 성령님은 머지않아 부활의 때에 우리 죽을 몸을 **살리실(will)** 것이다. 이미 죽은 성도들이나, 예수님이 오실 때 살아있는 성도들이나, 모두 고린도전서 15장 51절에서 말하고 있는 변화를 통해서 부활을 경험하게 될 것이다.

하지만 어떤 사람들은 로마서 8장 11절에서 언급한, 우리 죽을 몸을 살리는 일은 질병의 치유와 관계가 있다고 주장합니다. 만일 우리가 성령의 충만을 받는다면, 질병의 치유는 현재적으로 우리에게 이루어지는 일이 아닌가요?

그들은 성경이 의도하지 않은 것을 말하고 있다. 로마서 8장을 문맥을 따라서 읽어보면 전혀 질병이나 치유에 대해서 말하고 있지 않다. 질병에 걸린 몸에 대한 것이 아니라, 다시 살리심을 받은 우리의 죽을 몸에 대한 것이다. 현재 우리의 상태를 보면, 우리 몸은 죽음에 묶여 있다. 우리 몸이 다시 살리심을 받게 되면, 더 이상 죽음에 굴복하지 않을 것이다. 만일 신자의 죽을 몸이 지금 살리심을 받는 것이라면, 그리스도와 같은 불멸의 몸을 입게 될 것이다. 즉 이것은 사망을 이기고 **죽음을 이기는 문제**이지, 질병을 이기는 문제가 아니다.

따라서 우리의 답변은 이중적이다. 첫째, 사람들은 "만일 성령으로 충만하다면"이라고 말하지만 이것은 만일의 문제가 아니며, 또한 성령으로 충만해지는 문제가 아니라 성령이 우리 안에 거하시는가의 문제이다. 즉 우리가 실제로 신자라면 성령님은 장차 우리 죽을 몸을 살리실 것이다. 둘째, 여기서 핵심은 치유가 아니라 신적인 근원으로부터 생명을 받는 것이다. 죽을 몸이 살리심을 받게 되면, 더 이상 죽을 몸이 아니라 불멸의 몸을 받게 될 것이다. 그렇다면 지상에 사는 성도 가운데 어느 누구에게도, 이 일은 아직 일어나지 않았다는 것이 명백하다. 예를 들어, 만일 바울의 죽을 몸이 살리심을 받았다고 할 것 같으면 사형집행인의 도끼는 바울의 목을 베지 못했을 것이다. 바울은 지금까지 우리 가운데 살아있을 것이다.

고린도전서 15장 45절에 따르면 마지막 아담이신 주 예수님은 살리는 일을 하십니다. 그렇다면 우리는 현재 이러한 역사와 연관이 있는 것인가요?

그렇다. 그리스도는 첫 사람 아담과 대조적인 위치에 있다. "혼적인 존재"와 "영적인 존재"로 대조되어 있으며, 또한 그리스도는 단순히 살아계신 존재가 아니라 **생명을 주시는 존재(생명의 수여자)**이시다. 고린도전서 15장 36절은 우리에게 살리심을 받는 것이 죽은 것에만 적용된다는 사실을 알려준다. 우리는 영적으로 죽어있었고, 마지막 아담을 통해서 영적인 살리심을 받았다. 새로운 인류의 머리로서, 그리스도는 이미 새로운 인류가 된 우리에게 생명, 곧 자신의 생명을 나눠주셨다.

고린도전서 15장은 계속해서 죽을 수밖에 없는 우리 몸에 대해서 말하고 있다. 우리는 우리 몸에 대해서도 변화를 입어야만 한다. 즉 우리가 흙에 속한 자의 형상을 입은 것처럼, 장차 하늘에 속한 아담의 형상을 입게 될 것이다. 따라서 그처럼 엄청난 변화가 주님이 오시는 날 우리에게 이루어질 것이다. 그 때 "이 죽을 몸"

이 "죽지 아니함"을 입을 것이다. 이것이 바로 로마서 8장 11절이 말하고 있는 우리 죽을 몸을 살리는 역사이다.

"이 썩을 것이 썩지 아니함을 입고 이 죽을 것이 죽지 아니함을 입을 때"(54절) 사망은 승리에 의해서 삼켜질 것이고, 우리 몸을 살리는 역사는 완결될 것이다. 그렇다면 "한 분 예수 그리스도를 통하여 생명 안에서 왕노릇 하리[라.]"(롬 5:17)는 말씀이 이루어질 것이다. 영생을 누릴 뿐만 아니라 생명 안에서 왕으로서 **통치하게 될 것**이다. 그것도 **영원히**.

제 9장 성령을 선물로 받음
The Gift of the Holy Spirit

    지금까지 우리는 죄가 초래한 끔찍스러운 결과들에 대해서 살펴보았다. 조금 더 강조될 필요가 있는 죄의 효과가 한 가지 남아있는데, 그것은 인간이 무능력한 상태에 떨어졌다는 것이다. 구속을 앞서 다른 장에서 살펴보았지만, 우리는 죄 아래 종노릇하는 상태에 있을 뿐만 아니라 하나님을 기쁘시게 하거나 하나님을 섬기는 일에 전적으로 무기력한 상태에 빠져있다. 한 가지 사실이 분명해진다. 즉 피조물은 자신의 한계 내에서 신음하면서 창조주 하나님을 섬기고 있다는 점이다.

우리는 진정으로 능력을 필요로 한다. 죄가 일으킨 우리 자신의 **내적인** 마비상태 뿐만 아니라 하나님의 뜻을 따라 섬기고픈 사람들이 처한 **외적인** 환경을 극복하려면, 두 가지 모두에서 해방을 받을 필요가 있다. 경이로운 사실은 능력이 성령의 내주를 통해서 우리에게 주어진다는 것이다. 이것 외엔 우리를 능력으로 덧입게 해주는 것은 없다. 오직 성령의 내주만이 하나님의 권능을 덧입게 해주기 때문이다. 그래서 하늘로 승천하시기 전, 부활하신 그리스도께서는 "오직 성령이 너희에게 임하시면 너희가 권능을 받고 예루살렘과 온 유대와 사마리아와 땅 끝까지 이르러 내 증인이 되리라"(행 1:8)고 말씀하셨다. 이 약속은 사도행전 2장에 기록된 대로, 십일이 지난 후 오순절에 이루어졌다.

에스겔 36장과 37장을 보면, 새로운 출생과 영혼의 살리심을 받는 것에 대한 예언의 말씀이 있다. 이 예언은 장차 이스라엘의 남은 자들에게 성취될 것이며, 천년왕국의 지복(至福)에 들어가기 전에 그들을 준비시키는 과정으로 이루어질 것이다. 그 두 개의 장은 성령을 선물로 받게 될 것을 언급하고 있다. "또 새 영을 너희 속에 두고 새 마음을 너희에게 주되 너희 육신에서 굳은 마음을 제거하고 부드러운 마음을 줄 것이며 또 내 신을 너희 속에 두어 너희로 내 율례를 행하게 하리니 너희가 내 규례를 지켜 행할지라."(겔 36:26,27), "내가 또 내 영을 너희 속에 두어 너희가 살아나게 하고 내가 또 너희를 너희 고국 땅에 두리니 나 여호와가 이 일을 말하고 이룬 줄을 너희가 알리라 여호와의 말씀이니라."(겔 37:14) 이러한 역사의 결과로 이스라엘 속에는 영적인 생명이 있게 될 것이며, 하나님의 뜻을 능동적으로 순종하게 될 것이다. 하나님이 인도하시는 대로, 그들은 행하게 될 것이다. 다른 구약성경도 유사한 예언을 하고 있는데, 특히 요엘서 2장 후반부에 잘 나타나 있다. 베드로는 오순절에 그 구절을 인용하면서 오순절에 일어난 사건들이 요엘이 미리 예고한 사건들의 일부라고 말했다. 어쨌든 우리는 오순절 성령을 선물로 받게 된 일은 구약시대에는 감히 상상조차 하지 못했던 일의 충만하고도 영구적인 사건임을 보게 될 것이다.

새로운 출생은 성령에 의해서 이루어지며, 요한복음 3장 6절에, "영으로 난 것은 영"이라고 말씀한 대로, 거듭난 결과로 우리는 "영"이라고 하는 근본적으로 새로운 특징을 띤 새로운 본성을 받게 된다. 성령의 역사로 이루어지는 거듭남은 우리를 성령의 본성에 참여하게 해준다. 물론 거듭남과 거듭난 사람 속에 성령님이 내주하시는 것과는 구분되어야 한다. 왜냐하면 성령의 내주는 오순절에 일어났기 때문이다. 게다가 성령의 내주는 권능을 받는 것과 연결되어 있다는 점을 주목해야 한다. 즉 권능은 성령에 의해서 주어지는 새로운 본성과 함께 시작되는 것이 아니라, 신자의 몸에 한 인격으로서 실제적으로 성령님이 내주하시는 것으로 시작되기 때문이다. 바로 이 사실이 로마서 7장 7절로부터 8장 4절에 이르기까지 설명되어 있다.

로마서 7장에서 우리는 거듭난 사람의 내적인 경험을 보게 된다. 로마서 7장 상태에 있는 사람은 "속 사람"을 소유하고 있으며, 하나님의 법을 즐거워한다(22절). 결과적으로 그는 선한 것이 무엇인지 인정하고 있으며, 그것을 간절히 열망하지만, 그것을 행할 수 없는 무능력 가운데 있다. 그러한 갈등상태는 "우리 주 예수 그리스도"(25절)를 해방자로서 발견하기까지는 멈추지 않고 계속된다. 그리고 계속해서 읽어나가다 보면 8장 2절, "그리스도 예수 안에 있는 생명의 성령의 법이 죄와 사망의 법"을 이기는 능력이 있음을 발견하게 되며, 그 능력이 율법이 공의롭게 요구하는 모든 것을 넉넉히 성취하는 것을 보게 된다. 이러한 갈등과 번뇌상태에서 우리를 해방시키는 **능력**은 그리스도 안에서, 그리고 우리에게 주신 성령 안에서 발견할 수 있다.

로마서 8장은 죄가 유발시킨 내적인 마비상태, 즉 하나님의 뜻을 행하고자 하는 마음은 있지만 행할 능력이 없이 사지에 중풍 맞은 것과 같은 상태에서 우리를 해방시키는 역사를 소개해준다. 이 영적 해방의 역사 이후에 능력이 주어진다. 물론 이 능력은, 누가복음 24장 49절과 사도행전 1장 8절이 약속하고 있는 대로, 권능을 받고 부활하신 주님의 증인이 되게 해주는 전제 조건이다. 이 사실은 우리 모두의 정신을 번쩍 차리게 해준다. 성도라도 능력이 **우리에게 있지 않다**는 사실을 일깨워주기 때문이다. 모든 능력과 권능은 우리에게 주신 바 된 **성령님께만 있다**.

주님은 열한명의 사도들을 선택했고, 그들은 교회의 터를 놓았다. 그들 가운데 성령님의 강력한 역사가 있었고, 삼년이상 그들은 특별한 가르침을 받았으며, 그와 같은 사람들은 없었다. 이 모든 사실에도 불구하고 그들에게 능력이 주어지지 않았다. 사도들은 증인의 위대한 사역을 시작하고자 얼마나 열망했는지 모른다. 하지만 성령을 받을 때까지 그들은 대기 상태에 있어야만 했다. 그때까지 그들은 증인으로서 한 마디도 하지 않았다. 하지만 때가 되어 그들이 입을 열어 증거하는 말을 했을 때, 얼마나 놀라운 결과가 있었는가!

오순절 날 제자들은 그들 속에 내주하시는 성령님을 받았을 뿐만 아니라, "그들이 다 성령으로 **충만하게** 되었다"(행 2:4)는 사실을 간과해서는 안된다. 또 한 가지 그들이 성령으로 충만하게 되었을 때, 그들 **속에서** 무슨 힘이 솟구친 것도, 성령의 능력을 보증수표처럼 받은 것도 아니었다. 따라서 성령으로 충만하게 되는 것은 성령의 내주처럼 영구적인 것이 아님을 알아야 한다. 베드로는 사도행전 4장 8절에서 성령으로 **또 다시** 충만하게 되었고, 31절에서 **또 다시** 충만하게 되는 것을 볼 수 있다. 그렇다면 성령님이 신자를 충만하게 하실 때, 그 속에 있는 육신은 판단을 받고 잠

잠해지게 되고, 성령의 능력은 활력을 띠게 되는 것이다. 스데반을 예로 들어보자. 스데반은 성령으로 충만한 사람이었다. 그가 믿음과 권능으로 충만한 상태에 있었을 때, 그를 반대하는 사람들은 스데반이 지혜와 성령으로 말하는 것을 당해 낼 수가 없었다(행 6:8,10). 도저히 당해낼 수 없게 되자, 그들은 폭력을 써서 성 밖으로 내치고, 돌로 쳐서 죽였다. 그렇게 그들은 성령의 전을 파괴한 것이다.

사도행전에 기록된 역사가 사도들을 포함해서 성령으로 충만하게 되는 것이, 실제로는 간헐적으로 일어나는 것임을 보여주고 있지만, 에베소서 5장 18절에서 말하는 대로, 모든 그리스도인은 성령으로 충만하라는 명령을 받고 있음을 잊어서는 안된다. 성령으로 충만해진 상태가 술 취한 사람의 상태와 대조되어서, 즉 술을 과다하게 마셨을 때, 통제력을 잃게 되고 또 딴 사람처럼 행동하게 되는 사실을 비교해서 제시되고 있다는 사실이 우리를 놀라게 한다. 술 취한 상태에 빠지는 것은 악한 것이다. 하지만 성령님은 신자를 통제하면서, 선하고 신적인 것으로 충만하게 해주어 딴 사람처럼 행동하게 해준다. 매우 선한 것과 매우 악한 것이 대조를 이루고 있다. 성령으로 충만해진다면, 거룩하신 영께 속하지 않은 모든 것과 그분께 합당하지 않은 모든 것이 제거될 것이다.

이제 생각해볼 것은 우리의 생각과 우리 자신의 에너지로 너무 충만하게 되면 성령의 능력이 나타나는 것을 방해하게 된다는 점이다. 명백한 악만이 아니라 사소해보이고 보잘 것 없어 보이는 것들도 성령의 능력을 방해할 수 있다. 따라서 성경은 "하나님의 성령을 근심하게 하지 말라"(엡 4:30)고 말한다. 우리가 성령님을 근심하게 해드린다 해도 우리는 성령의 내주하시는 임재를 잃어버리지 않는다. "그 안에서 너희가 구원의 날까지 인치심을" 받았기 때문이다. 하지만 우리는 성령의 임재가 주는 많은 유익을 잃어버릴 수 있다. 성령님을 근심시키는 것이 무엇이든지 그것이 제거될 때까지 영적인 기쁨과 영적인 능력은 상실된 상태에 있게 된다. 성령님을 근심시키는 몇 가지 것들이 앞뒤 문맥에 잘 나타나 있다. 성령님은 성도들 가운데 비방하거나 악독을 품고 서로 악하게 말하는 것, 그리고 모든 모양이라도 악한 것 때문에 근심하신다. 참으로 놀라운 일은, 그런 상황이 되면 성령의 능력이 사라진다는 것이다!

사도 바울은 우리에게 본이 되도록 부르심을 받았고 또 구원받았다. 이 사실은 디모데전서 1장 16절 "그러나 내가 긍휼을 입은 까닭은 예수 그리스도께서 내게 먼저 일체 오래 참으심을 보이사 후에 주를 믿어 영생 얻는 자들에게 본이 되게 하려 하심이라"는 구절에 나타나 있다. 우리는 바울의 봉사와 증인의 삶에서 성령의 능력이 어떻게 나타났는가를 볼 수 있다.

로마서 15장 19절은 특별히 바울이 섬겼던 **영역**을 보여준다. 그는 "예루살렘으로부터 두루 행하여 일루리곤까지 [오늘날 알바니아 지역에 이르기까지] 그리스도의 복음을 편만하게" 전했다. 거의 25년 동안 그는 사방 수백만 킬로미터에 달하는 지역에 사는 사람들을 복음화하기 위해서, 때로는 도보로, 때로는 배로, 때로는 짐승을 타고 여행을 하면서 혼신의 힘을 다했다. 이 얼마나 기적과도 같은 위업인가! 바울이 그렇게 할 수 있었던 비결은 오직 성령의 능력에 있었다.

고린도전서 2장 1-5절은 그의 설교의 **단순성**을 보여준다. 인간적인 모든 미사여구는 생략했으며, 그리스도의 십자가라는 중심적인 사실만을 명백하게 드러내고자 했다. 그의 전도의 특징은 "성령의 나타남과 능력의 나타남"이었다. 그렇게 한 이유는 그의 메시지를 받은 사람들로 하여금, 그들의 믿음이 "사람의 지혜에 있지 아니하고 다만 하나님의 능력에 있게 하려[는]" 것이었다.

고린도후서 3장 1-6절과 고린도후서 4장 1-7절은 바울의 새 언약 사역에 나타난 **생명을 주는 능력**을 보여준다. 바울을 통해서 회심한 사람들은 **살아계신** 하나님의 영으로 쓴 그리스도의 편지였다. 그래서 바울은 성령께서 **생명**을 주신다고 말한다. 생명과 빛, 모두 이 본문과 연관이 있다. 왜냐하면 바울은 "예수 그리스도의 얼굴에 있는 하나님의 영광을 아는 빛"이 우리 마음에 비추었는데, 이는 질그릇 같은 우리를 통해서 우리에게 있지 아니하고 오직 하나님에게만 있는 심히 큰 능력이 흘러넘치게 하기 위한 것이라고 말하고 있기 때문이다.

고린도후서 10장 1-6절은 복음의 공격적인 전쟁에서 사용할 수 있는 영적인 무기들이 가지고 있는 힘과 능력을 보여준다. 사탄의 능력은 인간의 이성 속에 자리를 잡고, 인간의 추론과 고상한 사상 속에 견고한 요새를 형성한다. 따라서 이렇게 형성된 요새화된 사상들은 오직 하나님의 성령이 사용하시는 영적인 무기들을 통해서만 깨뜨릴 수 있다.

데살로니가전서 1장과 2장은 복음이 "말로만 이른 것이 아니라 또한 능력과 성령과 큰 확신으로" 임함으로써 회심하게 된 사람들의 삶과 인격 속에 형성된 **영적인 열매들**의 아름다운 그림을 보여준다. 데살로니가 신자들은 주님을 **본받는 자**가 되었고, 다른 모든 신자들의 **본**이 되었으며, 자신들을 구원한 말씀의 **전파자**가 되었다. 그들은 사시고 참되신 하나님을 섬기면서, 하늘로부터 강림하실 하나님의 아들을 기다리는 재림 신앙의 삶을 살았다.

디모데후서 1장은 성령님의 특징을 "능력과 사랑과 절제하는 마음의 영"(7절)으로 보여준다. 따라서 신자는 "하나님의 능력을 따라 복음과 함께 고난을"(8절) 견딜 수 있는 사람이 되며, "우리

제 9장 성령을 선물로 받음 141

안에 거하시는 성령으로 말미암아" 우리에게 맡겨진 아름다운 것을 지킬 수 있게 된다(14절). 성령님은 **인내**와 **충성**의 능력이시기 때문이다.

하나님께서 자기 아들 뿐만 아니라 성령님을 선물로 주신 일은, 참으로 "말로 표현할 수 없는 선물"(고후 9:15 참조)인 것이다.

초대교회 시대에는 성령의 능력이 표적과 기사를 통해서 나타났습니다. 성령님은 하나님이시며, 또 여전히 변할 수 없으실진대, 오늘날에는 그렇게 역사하지 않으신다는 것이 사실인가요?

하나님은 참으로 변하실 수 없는 분이시만, 그렇다고 해서 하나님이 자신의 지혜를 따라, 사람들 가운데 일어나는 변화무쌍한 상황을 해소시키기 위해서 다양한 방식으로 일하실 수 없다는 의미는 아니다. 하나님은 지나간 역사 속에서 분명 그렇게 역사해오셨다. 하나님의 능력이 기적을 통해서 나타나는 것이 항상 일어나는 일은 아니었다. 사실 그렇게 초자연적인 역사가 나타난 것은 **세 번 정도**에 불과했다. 첫 번째, 하나님이 모세를 통해서 이스라엘을 애굽에서 팔레스타인 땅으로 이끌어내시고, 율법 체계를 세우실 때 기적이 일어났다. 두 번째, 하나님이 엘리야와 엘리사를 통해서 이스라엘 백성들을 깨어진 율법으로 다시 부르시고, 하나님의 선하심을 증거하실 때 기적적인 방법을 사용하셨다. 세 번째,

하나님이 그리스도를 세상에 보내시고, 사도들을 통해서 교회를 세우실 때 기적을 일으키셨다. 실제적으로 성경이 기록하고 있는 모든 기적들은 이렇게 세 번의 시기에 일어난 것으로 요약할 수 있다. 세례 요한에 대해서 성경은 "요한은 아무 표적도 행하지 아니하였[다]"(요 10:41)고 말하고 있다. 그의 역할은 세 번째 기적의 시대가 시작되기 전에 끝났기 때문이다.

하지만 이러한 초자연적인 역사는 성령의 능력을 나타내는 매우 분명한 현상이 아닌가요?

그렇지 않다. 대부분 이적적인 능력에 의해서 가시적으로 나타난 현상들은 그 효력이 일시적이었다. 예를 들어 사도행전 9장을 보자. 애니아는 중풍 병에서 나았고, 도르가는 죽었다가 살아났다. 수년이 흐르자 그들은 모두 죽음을 맞이했고, 기적은 무용지물이 되었다. 오히려 사도행전 9장은 다소의 사울의 회심 이야기로 시작하고 있다. 같이 가던 사람들은 놀라서 아무 말도 하지 못한 채 서있었고, 기적적인 역사를 전혀 보지 못한 듯 보였다. 사실 이것은 최고의 기적이라 할 수 있는 영적인 기적이었다. 19세기가 지난 오늘날에도 이러한 영적인 기적은 온 세상에서 일어나고 있다. 참된 회심이야말로 그 효력이 영원히 지속되는 기적이다. 이러한 기적은 지금도 일어나고 있다.

바울의 전도는 성령의 나타남과 능력의 나타남이었습니다. 오늘날 전도에 대해서도 이런 식으로 말할 수 있습니까?

두려운 일이지만, 아주 극소수의 경우에만 그렇다고 말할 수 있다. 오늘날 너무도 많은 설교들이 바울이 우리에게 경계시킨, 바로 그러한 특징을 띠고 있다. 바울은 "하나님의 증거를 전할 때에 말과 지혜의 아름다운 것으로 아니하였"(고전 2:1)으며, "설득력 있는 지혜의 말로 하지 아니하고 다만 성령의 나타남과 능력으로"(고전 2:4) 하고자 했다. 바울은 고린도후서 4장 2절에서 말한 대로 속이는 방식과 악한 방식을 버렸을 뿐만 아니라 말과 지혜의 아름다운 것이나 설득력 있는 화법 모두 사용하지 않았다.

하지만 그렇게 인간적인 방식을 의지하지 않고 복음을 신실하게 증거하는 곳에는, 오히려 그리 큰 능력이 나타나는 것 같아 보이지 않습니다. 이것을 어떻게 설명할 수 있을까요?

이것을 설명하는데 도움이 될 만한 성경구절이 두 개 있다. 에베소서 4장 30절과 데살로니가전서 5장 19절이다. 열심히 수고하지만 아무런 열매를 맺지 못하는 하나님의 종들에 대해서 성령님은 근심하시는 경우가 있다. 그 결과, 그가 일하고 기대하는 만큼 열매를 맺지 못하게 된다. 상황은 같지 않을 수 있지만, 성령님은 입술로만 신앙을 고백하는 무수한 그리스도인들에게서 현저하게 나타나는 영적 상태 때문에 근심하신다. 성령님이 자유롭게 역사할 여지가 없는 너무도 많은 인간적인 조직 때문에 성령님은 거의 소멸상태에 있다. 이 뿐 아니라, 하나님의 종들에게서 끔찍스러운 불신과 완연한 불충성도 나타나고 있다. 이러한 사람들은 자신들이 의존하고 있는 모든 것을 실제적으로 부인하는 사람들이다. 성령님이 교회에서 **근심**하시고 **소멸상태**에 있으며, 바로 이러한 사실 때문에 성령님의 능력이 크게 나타날 수 있는 기회가 상실되는 것이다.

그럼에도 여전히 성령님이 역사하고 계시고, 고요하면서도 눈에 띄지 않는 방식으로 일하시는 성령님의 역사로 영혼들이 복을 받는다는 사실 때문에 감사한 마음이 든다.

섬김을 위한 능력은 중요하긴 해도, 전부는 아닌 것 같습니다. 더 중요한 것은 승리하는 삶을 위한 성령의 능력이 아닐까요? 어떻게 해야 우리 삶 속에서 승리를 위한 성령의 능력을 경험할 수 있을까요?

갈라디아서 5장 16절이 교훈하는 대로, 성령을 따라 행하면 된다. 에베소서 1장 13절에 의하면 우리가 우리 구원의 복음을 믿을 때, 성령님을 받는다. 하나님은 성령의 인침을 통해서 우리가 하나님께 속한 사람이라는 표식을 하신다. 그럼에도 우리는 성령 안에서 **행해야** 한다. 즉 성령님이 우리 삶과 활동의 원천이자 에너지로서 실제적인 방식으로 나타나야 하는 것이다. 걷는 것 (walking)은 인간의 첫 번째이자 최초의 활동이다. 따라서 '걷는다', '행한다'는 표현은 우리의 활동에 대한 그림 언어인 것이다. 우리의 생각, 말과 행동은 성령의 통제를 받아야 한다. 그리하면 우리는 육신의 소욕을 이루지 않게 될 것이다. 이것이 갈라디아서 5장 17절이 말하고 있는 내용이다. 성령님은 육신의 하향적인 소욕을 능가하는 힘을 발휘하신다. 우리가 만일 성령을 따라 행하면 그 능력을 경험하게 될 것이다.

어떤 사람은 성령을 따라 행하고 싶지만 어떻게 시작하는지 모르겠다고 말합니다. 실제적으로 어떻게 시작할 수 있나요?

갈라디아서 6장 7-9절은 이 질문에 대한 답을 줄 것이다. 실제적인 면에서 우리의 삶은 심는 것과 거두는 것으로 이루어져 있다. 마치 우리 양손에 각각 하나씩 씨앗 바구니를 들고 하루를 시작하는 것과 같다. 우리 손을 육신의 바구니에 넣고 육신의 씨앗을 꺼내 심음으로써 육신의 열매를 거두거나, 아니면 우리 손을 성령의 바구니에 넣고 성령의 씨앗을 꺼내 심음으로써 성령의 열매를 거두거나, 둘 중 하나이다. 단순히 육신을 즐겁게 하는 일에 우리 자신을 드리면서 육신의 씨앗을 뿌릴 수도 있고, 아니면 성령에 속한 일에 우리 자신을 드리면서 하나님의 영광으로 열매를 맺게 될 씨앗을 뿌릴 수도 있다.

이것은 하나님이 우리를 대신해서 하시는 일이 아니다. 다만 우리 스스로가 해야 하는 일이다. 하루 종일 우리는 이 두 가지 일 가운데 이쪽 저쪽 일을 행하고 있다. 어느 쪽을 선택할 것인가? 우리 손은 습관적으로 어느 바구니 쪽으로 향하고 있는가? 단호하게 한 쪽을 **거부**하고, 다른 쪽을 **개발**하는 것이 비결이다. 이것이 바로 성령을 따라 행하는 삶을 시작하는 방법이다.

외적인 행실에서 심각한 죄를 짓지도 않지만 그렇다고 성령의 능력 혹은 영적인 자유를 누리고 있지도 못하는 그리스도인들이 많이 있습니다. 이것을 어떻게 설명할 수 있습니까?

그런 현상은 하나님의 일들에 헌신이 부족하거나 아니면 영적으로 게으르기 때문에 생긴다. 그러한 사람들은 별 가치 없는 일에 쉽게 매료되고 또 뛰어들곤 한다. 성령님은 이 세상에서 그리스도의 일들을 가지고 우리에게 보여주시며, 또한 우리 쪽에서 그리스도에게 속한 일들에 대해 **무관심**을 보이거나 혹은 **나태함**에 빠질 때 근심하신다. 예를 들어보자. 만일 당신이 친한 친구에게 가서 복음을 전하려고 하는데, 그는 영적인 일에 관심이 없다. 그렇다면 그는 잠시 동안 사소한 이야기들로 이야기꽃을 피우며 당신의 진술한 신앙 이야기를 묵살해버리거나 아니면 이내 의자에서 졸며 자고 있을 것이다. 그렇다면 당신은 이야기를 접어야만 할 것이고, 근심과 애통에 빠지게 될 것이다.

성령님은 그리스도의 영광에 관련된 일에 민감하시다. 영적인 무관심은 죄에게 문을 열어주는 일일 뿐만 아니라, 성령님을 근심시키는 일이다. 우리 각 사람은 이처럼 비참한 상태로 떨어지게 된 우리 자신의 영적인 가난과 무기력함을 보여주십사고 하나님께 구하도록 하자.

제 10장 새로운 피조물
New Creation

우리에게 다가온 "더 큰 구원"을 이루고 있는 특징들을 대부분 살펴보았다. 이제 우리는 하나님이 죄의 특정한 결과 혹은 형벌을 해결하기 위해서 각각을 어떻게 설계했는지 살펴보고자 한다. 마지막에 이른 지금 이 특징을 제외시켜서는 안 될 것이다. 복음이 우리를 이끌어가는 최종적인 단계는, 바로 새로운 피조물이 되게 하는 것이다. 새로운 피조물이 되는 것은 하나님께서 **우리 필요**의 측면에서가 아니라, 하나님의 거룩한 본성의 측면에서 하시는 역사이다. 새로운 피조물이 되는 것은 **하나님 자신에게** 합한 존재가 되는 것이다.

 죄가 일으킨 대참사 때문에, 우리에겐 죄 사함, 칭의, 화목, 구속, 구원, 성화가 **필요했다**. 이 모든 것들은 십자가에 달리신 우리 주 예수 그리스도에 의해서 우리를 위해서 이루신 사역의 열매들로서 복음을 통해서 우리에게 주어진 것들이다. 동시에 우리는 거듭남, 영혼의 살리심, 성령을 선물로 받는 것을 **필요로 한다**. 처음 두 가지는 우리 속에 있는 성령의 역사를 통해서 우리의 것이 되었고, 성령의 내주는 나중 두 가지의 결과로 온 것이며, 우리를 위해서 이루어진 그리스도의 사역에 근거하고 있다. 하지만 같은 방식으로 우리는 "그리스도 안에서 새롭게 창조될" **필요가 있다**고 말할 순 없다. 그처럼 경이로운 사건은 우리의 필요 때문이 아니라, 하나님의 마음을 만족시키기 위해서 일어난 일이기 때문이다.

 다른 경우에서처럼, 여기에서도 우리는 구약성경으로 돌아가 총체적인 진리의 그림자요 신약성경에서 실현된 예언들을 살펴볼 수 있다. 예를 들어서, 우리는 이사야 65장 17절에서 "보라 내가 새 하늘과 새 땅을 창조하나니 이전 것은 기억되거나 마음에 생각나지 아니할 것이라"라는 구절을 볼 수 있다. 문맥을 살펴보면, 우리는 이 구절이 요한계시록 21장 1-5절에서 성취된 것으로 보게 되지만 완전히 만족스럽지는 않다. 왜냐하면 이사야의 예언은, 여전히 사망이 왕 노릇하게 될 천년왕국 시대에 예루살렘을 뒤덮을 새로운 상태를 언급하고 있지만, 요한계시록에서 그리고 있는 모습은 사망이 영원히 제거된 상태이기 때문이다.

거듭남과 영혼의 살리심을 받는 것과 마찬가지로, 여기서 중요해 보이는 사실은, 새롭게 창조하시는 하나님 자신의 생각이다. 하지만 좁은 의미에서 정의하자면, 새로운 창조는 다가오는 세대에 필요한 일이며, 특히 이 땅을 통치하시는 하나님의 섭리와 관련이 있다. 이 복음의 시대에, 하나님은 복음으로써 생명과 썩지 아니할 것을 드러내셨을 뿐만 아니라 우리를 위한 그리스도의 사역과 우리 안에서 역사하시는 성령의 사역을 통해서 하나님의 총체적인 뜻과 역사를 모두 드러내셨다. 신약성경은 천년왕국 시대에서 멈추지 않고, 우리를 영원한 시대로 이끌어간다.

신약성경에서 새로운 피조물에 대한 최초의 언급은 고린도후서 5장 17절에 있다. 거기서 우리는 "그리스도 안에" 있는 모든 사람은 새로운 창조 안으로 들어간 것을 볼 수 있다. 이 구절은 새로운 피조물 보다는 새로운 창조가 더 적합하다. 여기서 바울이 사용하고 있는 언어에는 힘이 실려 있을 뿐만 아니라 매우 강조하는 표현을 사용하고 있다. 그래서 그는 동사를 생략하면서, "그리스도 안에 있는 사람은 누구든지 새로운 창조이다!"라고 외친다. 바울은 이처럼 영광스러운 사실에 환호를 하고 있는 것이다. 이것이야말로 그리스도 예수 안에 있는 우리의 존재에 대한 설명이다.

신자는 그리스도 예수 안에 있으며, 모든 정죄에서 벗어났다는 것이 로마서의 설명이지만, 우리가 고린도후서 5장 17절에서 새로운 피조물이 되었다는 사실을 알기 전까지는 그 사실이 가지고 있는 충만한 의미를 알 수 없었다. 우리는 그리스도 안에 있다. 왜냐하면 우리는 그리스도에게 속했고, 이것은 하나님이 친히 하신 일이기 때문이다. 에베소서 2장 10절, "우리는 그가 만드신 바라 그리스도 예수 안에서 선한 일을 위하여 지으심을 받은 자니"라는 구절을 볼 때, 우리가 새로운 피조물이 되었다는 의미가 다가온다. 창세기 1장의 옛 창조는 하나님의 작품이었고, 아들에 의한 창조의 역사였다. 아들에 의해서 창조되었지만, 우리를 포함한 새로운 창조의 역사처럼 아들 안에서 창조의 역사가 이루어진 것은 아니었다. 죄는 옛 창조 속으로 들어올 수 있었지만, 그리스도로부터 나오는 생명과 본성에 속한 새로운 창조 속으로는 들어올 수 없다.

고린도후서 5장의 본문은 화목의 역사와 새로운 창조 사이에 밀접한 관계가 있음을 보여준다. 화목은 우리를 위한 그리스도의 사역의 열매 가운데 하나이다. 새로운 창조는 우리 안에서 일으키신 하나님의 역사의 열매이다. 물론 고린도후서 5장 21절에서 말한, "죄를 알지도 못하신 이를 우리를 대신하여 죄로 삼으신" 하나님의 행동은 화목 뿐만 아니라 새로운 창조의 토대이다. 새로운 창조가 의롭게 되는 근거 또는 의의 토대를 가져오려면 거기엔 옛 창조에 속한 모든 법적 책임과 전체 상태를 상쇄할 만큼 완전히 새로운 역사가 있어야만 한다.

새로운 창조와 연관해서 옛 것을 고치고 수선하는 것은 없었다. 옛 것은 사라졌고 전적으로 하나님에게 속한 새로운 것이 들어왔다. 그리스도께서 육체를 입으시고 우리 가운데 오셨을 때, 비록 그리스도의 육체는 거룩했고 또 조금도 죄의 얼룩이 없었지만, 옛 창조에 속한 환경에 적응하셔야만 했다. 이제 부활의 영광 가운데 계신 그리스도는 새로운 창조에 속한 환경 속으로 들어가셨고, 새 창조의 머리이신 그리스도에게서 새로운 창조가 진행되었다.

이 구절에서 주요한 요점은 우리 자신에게서 이루어진 새로운 창조가 주는 주관적인 효과이다. 우리는 이제 새로운 방식으로 그리스도를 알아야 한다. 모든 것이 새롭게 되었기 때문이다. 우리의 삶은 전적으로 새로운 통로 속으로 들어왔기에, 우리는 우리 자신을 위해 살지 않고 그리스도를 위해 산다. 이 모든 것은 우리 속에서 역사하신 하나님의 새로운 창조 사역 때문이다. 사도들을 예로 들어보자. **복음서에 있던 사도들과 사도행전에 있는** 사도들을 비교해보라. 그 둘 사이에, 요한복음 20장 22절의 마지막 아담이신 그리스도께서 숨을 불어넣으신 일과 사도행전 2장의 성령의 내주를 통한 새로운 창조가 있었다. 이전에 사도들은 그리스도를 육체대로 알았다. 이제 그리스도를 아는 그들의 지식은 하나님의 영을 따라 아는 것으로 바뀌었다. 물론 **그리스도의 상태**에도 변화가 있었지만, **그들의 상태**에도 일어난 엄청난 변화도 간과해서는 안된다.

이런 사실이 "그러므로 우리가 이제부터는 어떤 사람도 육신을 따라 알지 아니하노라"(고후 5:16)는 말 속에 담겨있다. 오직 그리스도인들 외에, 세상의 허다한 사람들에겐 그들의 상태에서 아무런 변화가 없다. 이는 우리가 그리스도 안에서 새로운 피조물이 되었기 때문이다. 우리는 새로운 방식으로 사람을 알아야 한다. 우리는 할 수 있는 한, 새로운 창조의 눈으로 사람들과 사물을 보아야 한다.

우리가 지금까지 살펴본 내용은 성도들에게서 나타나는 새로운 창조에 속한 마음이다. 에베소서 2장 10절, "우리는 그가 만드신 바라 그리스도 예수 안에서 선한 일을 위하여 지으심을 받은 자니 이 일은 하나님이 전에 예비하사 우리로 그 가운데서 행하게 하려 하심이니라" 는 구절은 새로운 창조를 우리 삶에 **실천**하고 **행동**하도록 도전해준다. 우리는 선한 일을 위하여 새로이 창조되었으며, 하나님은 우리가 선행을 실천하며 살도록 목적하셨다. 야고보서 2장은 단순히 선한 일이 아닌 믿음에 속한 일에 대해서 말한다. 즉 행함은 **믿음**에 의해서 촉발하게 되며, 결과적으로 사람들의 눈앞에 드러나게 된다. 이렇게 우리는 **선한** 일을 한다. 즉 하나님의 선하심을 표현하는 행위들을 하는 것이다. 그리스도 예수 안에서 새로이 창조된 하나님의 작품으로서 우리는 이처럼 높은 수준의 행위를 할 수 있는 내적인 능력을 소유하고 있으며, 따라서 새로운 피조물로서 우리에게 부과된 의무를 넉넉히 행할 수 있다. 이러한 선한 일들은 그리스도에 의해서 최고수준으로 완벽하게 이루어졌으며, 그리스도 안에서 새로운 피조물이 된 우리도 그 가운데서 행해야 한다. 비록 그리스도와 같은 정도는 아닐지라도 선한 일에는 적극적으로 참여해야 한다.

에베소서 4장 21-24절, 그리고 골로새서 3장 9-10절은 이 사실을 확증해준다. 앞의 구절과 뒤의 구절은 같은 것을 말하고 있다. 둘 다 "벗어 버리고…새롭게 되고…입으라."고 말한다. 두 구절 모두에서 모든 신자에게서 성취된 큰 거래를 볼 수 있다. 이전에 우리는 옛 질서에 속한 사람이었고, 옛 사람의 부패한 성품을 입고 있었다. 이제 우리는 새로운 질서에 속한 사람이 되었고, 거룩함과 의로움과 진실함이라는 특징을 가진 새 사람의 성품을 입고 있다. 이러한 특징이 항상 외적으로 나타나는 것은 아니다. 실상은 우리 마음의 중심이 새롭게 된 것이다. 골로새서의 구절은, 세부적으론 다소 다른 점이 있지만, 어쨌든 이 사실을 확증하고 있다. 아울러 **새롭게 창조된 존재**로서 새 사람에 대해서 말하고 있다.

우리는 이 새로운 창조의 특성을 입었기 때문에, 두 개의 본문이 말하고 있는 대로 처신해야 한다. 전적으로 거부되어야 하는 것들과 전적으로 참여해야 하는 것들이 모두 하나님의 새로운 창조 역사에 의해서 우리가 입고 있는 특징에 의해서 결정되는 것이다.

에베소서 2장 15절은 지금까지 와는 달리, 교회를 하나님의 새로운 창조물로 말하고 있다. 복음을 통해서 하나님은 유대인과 이방인 모두를 불러내어, 이 둘을 "한 새 사람"으로 지으셨다. "지었다"는 말은 "창조했다"는 말이다. 한 새 사람은 주 예수님을 통한 하나님의 창조의 역사였다. 이는 이 구절에서 창조 행위의 주체가 주 예수님이시기 때문이다. 그리스도는 자기 안에서 한 새 사람을 지었는데, 이 한 새 사람은 사실상 교회이다. 따라서 우리는 성도 개인 뿐만 아니라 교회도 그리스도 예수 안에서 새로운 피조물이라고 말할 수 있다.

마지막으로 우리는 요한계시록 21장 1-6절에서 새 하늘들과 새 땅이 창조되는 것을 볼 수 있다. 이러한 새로운 창조의 장면 가운데 새로운 피조물인 교회가, 하나님이 사람들 가운데 거하실 때 하나님의 장막으로서 자신의 영원한 본향을 차지하는 것을 보게 된다.

그리스도 안에서 이루어진 새로운 창조를 창세기 1장의 창조와 동일하게 문자적인 의미로 사용하는 것이 옳은가?

그렇다고 믿는다. 그렇게 생각할 때 어려움을 느끼는 것은 하나님의 새로운 창조 역사를 우리 주변에 있는 물질적인 것들과 연관을 지으려 하기 때문이다. 사실 새로운 창조는 영적으로만 우리에게 영향을 미친다. 우리는 마음의 영이 새롭게 되었다. 아직 우리의 몸이 새롭게 된 것은 아니기 때문에 성경은 "오직 너희의 심령이 새롭게 되어"(엡 4:23)라고 말하고 있다. 사실 마음 자체는 몸의 일부인 뇌와 분리될 수 없기에 마음이 새롭게 된 것이 아니라 심령으로(in the spirit of the your mind) 새롭게 되었다고 말하는 것이다. 우리가 그리스도와 같이 영광스러운 몸을 받게 되고, 새 하늘들과 새 땅에 거하게 되면, 우리는 조금도 부족함 없이 새로운 창조의 실체 속으로 들어갈 것이다. 하지만 오늘날에는 영적인 방식으로 하나님의 새로운 창조물이 된 우리는 정확하게 영적으로만 새로운 창조에 참여한다. 하나님이 말씀하신대로, 우리는 다만 그것을 믿고 기뻐하면 된다.

우리가 "그리스도 예수 안에서" 지음 받았다는 사실을 살펴보았습니다. 우리는 이 사실에서 새로운 창조의 안정성을 추론할 수 있나요?

그렇다. 우리는 그 이상의 것을 생각해볼 수 있다. 그리스도 안에서 새롭게 창조되었기에, 그리스도와 같은 특징을 나타낼 것이다. 다른 점에서도 그리스도의 성품을 나타낼 것이다. 새로운 창조는 그리스도에게서 시작되었으며, 그리스도께서 새로운 창조의 원천이시다. 그리스도는 "근본이시며 죽은 자들 가운데서 먼저 나신 이"(골 1:18)시고, 또한 "하나님의 창조의 근본이신 이"(계 3:14)시다. 심지어 새 하늘들과 새 땅의 모든 무생물 조차도 그리스도에게서 나올 것이다. 하지만 우리는 더 깊은 의미에서 이미 그리스도 안에서 새로운 피조물이다. 그리스도는 부활하신 남자로 하늘에 들어가셨지만, 우리는 이제 그리스도의 형상대로 새롭게 지음 받았으며, 히브리서 2장 11절에서 말한 대로, "다 하나의 근원"에서 났기에 그리스도의 생명에도 참여하고 있다. 따라서 교회는 그리스도의 몸이다. 이는 교회가 단체적으로 그리스도의 어떠하심을 나타내고 있기 때문이다. 새로운 창조물은 그리스도를 표현하게 될 것이며, 그리스도와 같은 특징을 띠게 될 것이다.

히브리서 8장 13절을 보면, 새 언약이 들어온 것은 첫째 언약을 낡아지게 한 것이며, 결론적으로 "첫 것은 낡아지게 하신 것이니 낡아지고 쇠하는 것은 없어져 가는 것"으로 볼 수 있습니다. 새로운 창조도 그렇게 생각할 수 있나요?

그렇다. 사실 창세기 1장에서 창조된 하늘들이 다 죄로 물든 것은 아니었기에, 결과적으로 모든 하늘들이 새롭게 창조되지는 않을 것이다. 죄로 훼손된 모든 것이 낡아지고, 없어져가는 것이다. 다름 아닌 새로운 창조가, 현재 우리의 영적인 필요를 충분히 채우듯이, 이 모든 상황을 해결할 것이다. 왜냐하면 모든 것이 하나님의 수준으로 회복되어야 하기 때문이다. 이것은 갈라디아서 6

장 15절에서 보는 것처럼, 원칙적으로 오늘날에도 마찬가지이다. 갈라디아 지역의 신자들은 율법 아래서 행했던 할례 예식에 묶이게 되었다. 그처럼 의식(예식)을 행하거나 혹은 육신을 만족시키려는 율법 준수는 전적으로 표적을 빗나가는 일이다. 하나님 앞에 있는 신분이 "아담 안에" 있는 사람이라면 율법을 지키는 것은 옳은 일이다. 하지만 "그리스도 안에" 있는 사람은 할례나 무할례나 아무 것도 아니다(갈 6:15). 다만 새로운 피조물만이 영원하다. 하나님의 창조물 가운데 일단 죄에 닿아 훼손되었다면, 쇠하여 지고 없어져야 하며, 새로운 창조가 일어나야 한다.

요한계시록 21장의 시작 부분에서 묘사된 새로운 창조의 장면은, 선지자들이 그토록 자주 언급하고 있는 천년왕국의 지복(至福)의 장면과는 구별되어야 합니까?

두 개의 장면은 요한계시록에서 분명히 구별되고 있다. 요한계시록 21장 1-8절은 영원한 상태를 말하고 있다면, 9-27절은 천년왕국 시대에 하늘의 예루살렘이 땅과 맺게 될 모습에 대한 상세한 내용을 말해주고 있다. 따라서 우리는 두 번째 부분에서 땅의 왕들과 만국에 대한 것과 어떠한 더러운 것이 들어오지 못하도록 벽과 문이 막고 있는 것을 볼 수 있다. 첫 번째 부분에 보면 하나님의 아름다운 새로운 창조에서 모든 죄와 슬픔과 사망이 다 사라진 것을 볼 수 있으며, 모든 악은 하나님의 심판을 받아, 그 정해진 장소로 격리된 것을 볼 수 있다.

천년왕국 시대의 만국(계 21:24)은 바벨론에 있는 사람들을 향한 하나님의 심판이 이루어진 결과로 존재했었다. 따라서 영원한 상태에서는 그들도 사라지고, 하나님은 본래 계획대로 돌아가 사람들과 함께 거하실 것이다. 하나님은 베드로후서 3장 13절, "우리는 그의 약속대로 의의 거하는 바 새 하늘과 새 땅을 바라보도다."라고 말한 것처럼, 의로움 때문에 거룩한 자유 속에서 그들의 하나님으로 거하실 것이다. 이것은 천년왕국 시대에서처럼 단순히 통치하시는 것이 아니라, 사람들과 함께 영원히 거하시는 것을 말한다. 무언가 하나님의 통치에 대한 도전이 있을 때, 다스림이 필요한 것이다. 마지막 도전이 해결되었을 때, 아무것으로도 방해 받지 않는 안식에 들어갈 것이다.

새로운 창조 속에서는 사람 사이의 차이점은 사라지는 것입니까?

새로운 땅에서는 그렇게 될 것이다. 하지만 이것을 교리화 할 수는 없다. 아무튼 하늘에 앉은 사람들과 땅에 거하는 사람들 사이에 차이점은 있을 것이다. 그 날에 교회의 상징물인 거룩한 도성은 하나님의 거하시는 거처가 될 것이다.

다시 고린도전서 15장에 보면, 우리는 이미 마지막 아담에 의해서 살리심을 받은 사람으로 소개되어 있으며, "우리가 하늘에 속한 자의 형상"을 입을 때, 우리에게서 시작된 그리스도의 위대한 역사는 완성될 것이 나타나 있다. 지금 교회에 속한 우리가, 장차 우리의 머리되신 주님의 형상을 입고서 주님과 같은 영광스러운 몸으로 변화되어, 새로운 창조의 장면 속으로 들어가게 된다는 것은 가장 경이로운 사실이다. 새로운 창조에 의해서 하늘에 속한 성도들 외에는 아무도 이러한 영광에 들어갈 수 없다.

고린도전서 15장은 새로운 창조에 대해서 말하고 있을 뿐만 아니라, 우리 영혼을 다시 살리시는 성령의 역사도 언급하고 있습니다. 이 사실은 이 둘 사이의 관계가 무엇인가에 대한 질문을 제기해줍니다. 사실 우리는 이 두 가지를 이미 살펴보았습니다. 어떻게 우리는 이 두 가지를 하나로 묶을 수 있을까요?

우리는 지금까지 우리의 능력 밖에 있는 지극히 거룩한 믿음과 연결된 것들을 살펴보았고, 새로운 창조도 그 가운데 하나이다. 주 예수님을 생각해보면, 그분의 참된 인성을 인식하면서도 그분의 신성을 고백하게 된다. 그럼에도 우리의 이성은 이 두 가지를 동시적인 것으로 설명하는데 한계를 느낀다. 우리는 성경에서 하나님의 주권을 보지만, 동일하게 사람의 책임도 본다. 이 둘을 어떻게 적절하게 조화시킬 것인지, 우리는 그 방법을 알지 못한다. 그럼에도 우리가 가진 이러한 한계와 무능력이 우리의 믿음을 방해하지 못한다. 우리는 믿음으로써 기대할 수 있다. 왜냐하면 우리가 믿는 바, 믿음은 하나님에게서 오는 것이기 때문이다. 과연 우리 이성의 작은 능력으로 이 모든 것을 다 이해할 뿐만 아니라 충분히 입증할 수 있다고 할 것 같으면, 그것은 하나님에게 속한 신적인 것이 아닐 것이다.

 지금까지 살펴본 이 모든 진리들을 과연 우리 신앙의 실체 속으로 자리 잡게 할 수 있을까? 부분적으로 그렇게 할 수는 있을 것이다. 하지만 특별히 우리 속에서 이루어지는 역사를 다룰 때에는 그리 완전하게 할 수는 없을 것이다. 과거에 그렇게 해보려고 했던 시도는, 기대와는 달리 여지없이 무익한 변론으로 끝을 맺었다. 하나의 건축물을 네 방향에서 보지 않는다면, 한 방향에서는 그 건물의 전체를 볼 수 없다는 사실을 상기시켜 드리고 싶다.

 진리는 하나이다. 우리는 그 사실을 확신하고 있다. 게다가 진리는 부분적으로 우리에게 주어졌다. 따라서 성경에서 나누고 있는 이러한 부분적인 진리들을 하나로 모을 때만이 우리는 제대로 된 교훈을 받을 수 있고 또 그 진리가 주는 유익을 얻을 수 있다. 만일 서로 다른 차이점들을 구분하지 못한 채, 그저 모든 것을 한 덩어리로 뭉뚱그려 버린다면, 우리는 엄청난 손실을 입게 된다. 반대로 이러한 다양한 측면들을 서로 단절시키거나 격리시킨다면, 우리는 곧 오류로 가득한 이상한 개념에 빠지게 될 것이며, 또 각각의 것들이 일어나는 순서에 무슨 이론을 정립하고자 해도 마찬가지 결론에 도달하게 될 것이다.

단절시키지 않고 구분해서 보게 되면, 이로써 우리는 우리에게 주어진 구원이 얼마나 위대하며, 또한 다양한 측면을 가지고 있는 얼마나 풍성한 것인가를 깨닫게 될 것이다. 우리가 더욱 이해할수록, 우리의 마음은 더욱 감동을 받아 하나님께 찬송과 감사를 올리게 될 것이다. 그렇게 되기를 빈다.

F. B. Hole

O God of Grace, Whose Saving Power
(BISHOPGARTH. 8.7.8.7.D. IAMBIC)

오 은혜로우신 하나님,
주의 구원하시는 권능이 죄인 중의 죄인에게까지 미쳤나이다.
이 땅에 오신 주님께서 십자가에 달리셨던 가장 어두웠던 시간
오히려 믿음의 광채는 더욱 짙게 깔렸나이다.
이제 주 앞에 서서
우리의 죄를 고백하나이다.
영원한 복을 주시는
주의 은혜로운 손길을 바라보나이다.

이 땅의 영광이 쇠하고, 그 광채마저도 스러졌나이다.
어찌 그리도 속히 쇠잔해져 갔는지요!
하나님의 공의로우신 요구 앞에
땅의 모든 존재가 숨었나이다.

주 예수께서 자신의 죽음을 통해
영원 속죄를 이루시지 않았다면,
우리는 결코 구원을 얻을 수도,
대적들에게서 해방을 얻을 수도 없었나이다.

오 주님, 이제 세상을 이기시고
영광의 보좌에 앉아 계시나이다.
죄인들의 고통과 탄식소리 들으시고,
저들의 슬픔을 기쁨으로 변케 하시나이다.
모든 족속과 나라 가운데서 애통하는 자들을
주의 편 팔로 끌어안으시고
구원하시는 사랑으로 저들을 품어주시니,
오 구원의 하나님이여! 깊은 찬송과 감사를 올리나이다.

- F. B. 호올 작사

저자소개

F.B. 호올(Frank Binford Hole, 1874-1964)

    프랭크 빈포드 호올은 신실함, 헌신, 인내, 그리고 소망의 대명사로 불릴 만큼 하나님의 사람으로 살았다. 그는 자신이 고백하는 믿음을 위해 수고했고, 그 믿음을 따라 살았으며, 또한 그 믿음 안에서 죽은 사람으로 기억될 것이다. 그의 삶은 기독교 신앙을 실천하는 삶이었으며, 그리스도의 사랑에 대한 체험에 의해 그러한 삶이 가능했다. 그가 하나님으로부터 받은 은사는 세 가지 형태로 나타났다. 즉 복음전도자, 성경교사, 그리고 문서사역자로 나타났다.

빌리 그레이엄은 그가 쓴 "믿음의 기초(Foundations of the Faith)"란 책을 극찬했다. 그리고 자신의 전도팀 및 동역자들에게 적극 추천했을 뿐 아니라, 개인적으로 감사의 뜻을 담은 편지를 써서 영국에 보냈다. 그의 글에는 겸손이 묻어나왔기 때문에, 영어를 사용하는 전 세계에서 도움을 받았다는 감사의 편지를 끊임없이 받았다.

프랭크 호올은 몇 권의 매우 귀한 책들을 썼다. "더 큰 구원(The Great Salvation)"과 아울러 값진 책인 "믿음의 기초"이란 책이 있다. 프랭크는 "덕세움(Edification)"이란 정기간행물의 편집인으로 사역했으며, 또한 "성경 진리"라는 간행물에도 많은 글들을 기고했다. 거기서 많은 글들이 발췌되었고, 나중에는 신약 성경 주석이 완성되어 출판되었다. 그는 공동 집필진으로 H. P. 바커, J. T. 모우슨, A. J. 폴록, 그리고 해밀턴 스미스 등과 더불어 영적인 글을 썼다. 그 날에 하나님이 그를 통해 성취한 역사의 정도가 어떠한지 드러나게 될 것이다.

저자 소개

형제들의 집 도서 안내

형제들의 집 도서 안내

1. 조지 뮬러 영성의 비밀
   조지 뮬러 지음/이종수 옮김/값 1,000원
2. 수백만을 감동시킨 사람을 감동시킨 바로 그 사람: 헨리 무어하우스
   존 A. 비올리 지음/이종수 옮김/값 1,000원
3. 내 영혼의 만족의 노래
   W.T.P 윌스톤 지음/이종수 옮김/값 1,000원
4. 모든 일을 하나님의 영광을 위하여 하라
   해리 아이언사이드 지음/이종수 옮김/값 1,000원
5. 잃어버린 영혼을 위해서 어떻게 기도해야 하는가
   오스왈드 샌더스, 찰스 스펄전 지음/이종수 옮김/값 1,000원
6. 윌리암 켈리의 로마서 복음의 진수
   윌리암 켈리 지음/이종수 옮김/값 5,000원
7. 이것이 거듭남이다[개정판]
   알프레드 깁스 지음/이종수 옮김/값 9,000원
8. 존 넬슨 다비의 영성있는 복음
   존 넬슨 다비 지음/이종수 옮김/값 5,000원
9. 로버트 클리버 채프만의 사랑의 영성
   로버트 C. 채프만 지음/이종수 옮김/값 5,000원
10. 영성을 깊게 하는 레위기 묵상
    C.H. 매킨토시 외 지음/이종수 옮김/값 5,000원
11. 존 넬슨 다비의 성경주석: 빌립보서
    존 넬슨 다비 지음/이종수 옮김/값 5,000원
12. 존 넬슨 다비의 히브리서 묵상
    존 넬슨 다비 지음/정병은 옮김/값 9,000원
13. 조지 커팅의 영적 자유
    조지 커팅 지음/이종수 옮김/값 4,000원
14. 윌리암 켈리의 해방의 체험
    윌리암 켈리 지음/이종수 옮김/값 3,000원
15. 존 넬슨 다비의 성경주석: 골로새서
    존 넬슨 다비 지음/이종수 옮김/값 7,000원

16. 구원 얻는 기도
　　　　　　　　　　　　　　　　　　　　　이종수 지음/값 5,000원
17. 영혼의 성화
　　　　　　　　　　　　　　프랭크 빈포드 호올 지음/이종수 옮김/값 1,000원
18. 당신은 진짜 거듭났는가?
　　　　　　　　　　　　　　　　　아더 핑크 지음/박선희 옮김/값 4,500원
19. C.H. 매킨토시의 완전한 구원
　　　　　　　　　　　　　　　　C.H. 매킨토시 지음/이종수 옮김/값 4,600원
20. 존 넬슨 다비의 하나님의 뜻을 분별하는 법
　　　　　　　　　　　　　　　　　존 넬슨 다비 지음/이종수 옮김/값 1,000원
21. 존 넬슨 다비의 성경주석: 요한계시록
　　　　　　　　　　　　　　　　존 넬슨 다비 지음/이종수 옮김/값 10,000원
22. 주 안에 거하라
　　　　　　　해밀턴 스미스, 허드슨 테일러 지음/이종수 옮김/ 값 1,000원
23. C.H. 매킨토시의 하나님의 선물
　　　　　　　　　　　　　　　　C.H. 매킨토시 지음/이종수 옮김/값 4,000원
24. 존 넬슨 다비의 성경주석: 에베소서
　　　　　　　　　　　　　　　　　존 넬슨 다비 지음/이종수 옮김/값 8,000원
25. 존 넬슨 다비의 영적 해방
　　　　　　　　　　　　　　　　　존 넬슨 다비 지음/문영권 옮김/값 7,000원
26. 건강하고 행복한 그리스도인이 되는 법
　　　　　　　　어거스트 반 린, J. 드와이트 펜테코스트지음/ 값 1,000원
27. 존 넬슨 다비의 성경주석: 로마서
　　　　　　　　　　　　　　　　　존 넬슨 다비 지음/문영권 옮김/값 12,000원
28. 존 넬슨 다비의 성화의 길
　　　　　　　　　　　　　　　　　존 넬슨 다비 지음/이종수 옮김/값 4,500원
29. 기독교 신앙에 회의적인 사랑하는 나의 친구에게
　　　　　　　　　　　　　　　　로버트 A. 래이드로 지음/박선희 옮김/값 5,000원
30. 이수원 선교사 이야기
　　　　　　　　　　　　　　더글라스 나이스웬더 지음/이종수 옮김/값 5,000원
31. 체험을 위한 성령의 내주, 그리고 충만
　　　　　　　　　　　　　　　　　　조지 커팅 지음/이종수 옮김/값 4,500원

32. 존 넬슨 다비의 성경주석: 갈라디아서
                        존 넬슨 다비 지음/이종수 옮김/값 4,800원
33. 존 넬슨 다비의 성경주석: 요한서신서 · 유다서
                        존 넬슨 다비 지음/문영권 옮김/값 8,000원
34. 존 넬슨 다비의 성경주석: 데살로니가전 · 후서
                        존 넬슨 다비 지음/이종수 옮김/값 8,000원
35. 그리스도와의 연합과 구원(성경공부교재)
                                    문영권 지음/값 2,500원
36. 그리스도와의 연합과 성화(성경공부교재)
                                    문영권 지음/값 3,000원
37. 사도라 불린 영적 거장들
                                    이종수 지음/값 7,000원
38. 당신은 진짜 하나님을 신뢰하는가
                            조지 뮬러 지음/ 이종수 옮김/값 4,500원
39. 그리스도와 연합된 천상적 교회가 가진 영광스러운 교회의
    소망   존 넬슨 다비 지음/ 문영권 옮김/ 값 13,000원
40. 가나안 영적 전쟁과 하나님의 전신갑주
                        존 넬슨 다비 지음/ 이종수 옮김/ 값 2,000원
41. 죄 사함, 칭의 그리고 성화의 진리
                    고든 헨리 해이호우 지음/ 이종수 옮김/ 값 2,000원
42. 하나님을 찾는 지성인, 이것이 궁금하다!
                                    김종만 지음/ 값 10,000원
43. 이것이 그리스도의 심판대이다
                                    이종수 엮음/ 값 8,000원
44. 존 넬슨 다비의 성경주석: 마태복음
                        존 넬슨 다비 지음/이종수 옮김/값 16,000원
45. C.H. 매킨토시의 하나님에 관한 진실
                        C.H. 매킨토시 지음/이종수 옮김/값 1,000원
46. 존 넬슨 다비의 성경주석: 여호수아
                        존 넬슨 다비 지음/문영권 옮김/값 8,000원
47. 찰스 스탠리의 당신의 남편은 누구인가
                        찰스 스탠리 지음/이종수 옮김/값 4,000원

48. 존 넬슨 다비의 성령론
                              존 넬슨 다비 지음/이종수 옮김/값 13,000원
49. 존 넬슨 다비의 영적 해방의 실제
                              존 넬슨 다비 지음/이종수 옮김/값 5,000원
50. 존 넬슨 다비의 주요사상연구: 다비와 친구되기
                                              문영권 지음/값 5,000원
51. 존 넬슨 다비의 죽음 이후 영혼의 상태
                              존 넬슨 다비 지음/이종수 옮김/값 5,000원
52. 신학자 존 넬슨 다비 평전
                                           이종수 지음/ 값 7,000원
53. 존 넬슨 다비의 요한복음 묵상
                              존 넬슨 다비 지음/이종수 옮김/값 8,000원
54. 프레드릭 W. 그랜트의 영적 해방이란 무엇인가
                         프레드릭 W. 그랜트 지음/이종수 옮김/값 4,500원
55. 홍해와 요단강을 통해서 나타난 하나님의 구원
                                 윌리암 켈리 지음/ 이종수 옮김/ 값 4,800원
56. 그리스도와의 연합을 위한 성령의 역사
                                 윌리암 켈리 지음/ 이종수 옮김/ 값 19,000원
57. 누가, 그리스도인인가?
                               시드니 롱 제이콥 지음/ 박영민 옮김/ 값 7,000원
58. 선교사가 결코 쓰지 않은 편지
                               프레드릭 L. 코신 지음 / 이종수 옮김/ 값 9,000원
59. 사랑의 영성으로 성자의 삶을 살다간 로버트 채프만
                               프랭크 홈즈 지음 / 이종수 옮김/ 값 8,500원
60. 므비보셋, 룻, 그리고 욥 이야기
                               찰스 스탠리 지음 / 이종수 옮김/ 값 7,500원
61. 구원의 근본 진리
                               에드워드 데넷 지음 / 이종수 옮김/ 값 6,500원
62. 회복된 진리
                               에드워드 데넷 지음/ 이종수 옮김/ 값 6,000원
63. 더 큰 구원
                               프랭크 빈포드 호올 지음/ 이종수 옮김/ 값 6,500원

Originally published under the title of
"The Great Salvation"
by F. B. Hole
Copyright©Les Hodgett, Stem Publishing
7 Primrose Way, Cliffsend, Ramsgate, Kent, U.K.

Korean translation copyright
ⓒ 2014 by Brethren House, Korea
All rights reserved

당신의 상상보다
더 큰 구원
ⓒ형제들의 집 2014

초판 발행 • 2014.01.25
지은이 • 프랭크 빈포드 호올
옮긴이 • 이 종 수
발행처 • 형제들의집
판권ⓒ형제들의집 2014
등록 제 7-313호(2006.2.6)
Cell. 010-9317-9103
홈페이지 http://brethrenhouse.co.kr
E-mail: asharp@empas.com
ISBN 978-89-93141-63-4 03230

* 값은 뒤표지에 있습니다.
* 잘못된 책은 바꿔드립니다.
* 서점공급처는 〈생명의말씀사〉입니다. 전화 (02) 3159-7979(영업부)